DROEMER

Albert Kitzler

Weisheit to go

Große Philosophie
für kleine Pausen

DROEMER

Besuchen Sie uns im Internet:
www.droemer.de

Aus Verantwortung für die Umwelt hat sich die Verlagsgruppe Droemer Knaur zu einer nachhaltigen Buchproduktion verpflichtet. Der bewusste Umgang mit unseren Ressourcen, der Schutz unseres Klimas und der Natur gehören zu unseren obersten Unternehmenszielen. Gemeinsam mit unseren Partnern und Lieferanten setzen wir uns für eine klimaneutrale Buchproduktion ein, die den Erwerb von Klimazertifikaten zur Kompensation des CO_2-Ausstoßes einschließt. Weitere Informationen finden Sie unter: www.klimaneutralerverlag.de

FSC www.fsc.org MIX Papier aus verantwortungsvollen Quellen FSC® C083411

Originalausgabe April 2020
Droemer Verlag
Ein Imprint der Verlagsgruppe Droemer Knaur GmbH & Co. KG, München

Redaktion: Gisela Kienzle
Covergestaltung: ZERO Werbeagentur, München
Coverabbildung: Protasov AN, Jan Martin Will / shutterstock.com
Satz: Adobe InDesign im Verlag
Druck und Bindung: CPI books GmbH, Leck
ISBN 978-3-426-27821-5

2 4 5 3 1

»Die Wahl der natürlichen Eltern
steht nicht in unserer Macht,
aber die der geistigen.«[1]

Seneca

Meinen Lehrern

Sokrates, Platon, Aristoteles,
Seneca, Musonius Rufus, Marc Aurel,
Laotse, Konfuzius, Zhuangzi,
den Verfassern der
Upanishaden, Buddha, Patañjali
u.a.

»Das Wasser fließt so glatt dahin,
und doch hat es unermessliche Tiefen:
Darin gleicht es der Weisheit.«

Buch der Riten, Sitten und Gebräuche

INHALT

VORWORT

Ich freue mich, nach meinem Buch »*Philosophie to go. Große Gedanken für kleine Pausen*« nunmehr einen zweiten Band mit kommentierten »Worten der Weisheit« vorlegen zu können. Der Verlag und ich haben uns dazu entschlossen, nachdem »*Philosophie to go*« eine sehr positive Aufnahme bei den Lesern gefunden hat. Die hier vorgelegte Sammlung von »Worten der Weisheit« enthält ausgewählte Zitate aus dem antiken Weisheitswissen in Orient und Okzident. Bald nach Gründung meiner Schule für antike Lebensweisheit »Maß und Mitte« im Jahr 2010 habe ich damit begonnen, die »Worte der Weisheit« über einen täglichen, kostenlosen Newsletter an eine ständig wachsende Zahl Interessierter zu versenden, die ich auf diesem Weg an das antike Weisheitswissen und die Kunst der guten Lebensführung heranführen möchte. Ich halte die überlieferten Weisheitserfahrungen der Völker der Welt, wie sie von den großen Denkern, Weisen und Heiligen in Worte gefasst wurden, für das vielleicht wertvollste kulturelle Erbe, das wir besitzen. Sie zeigen uns, wie ein gutes Leben gelingen kann. Denn es lehrt uns, gut zu leben.

Bis heute (Herbst 2019) sind zu rund 90 Themen über 3000 »Worte der Weisheit« erschienen. Fast täglich erhalte ich Zuspruch von Leserinnen und Lesern, wofür ich mich an dieser Stelle herzlich bedanken möchte. Das vorliegende Buch enthält eine kleine Auswahl aus den »Worten der Weisheit« der letzten neun Jahre.

Zu 27 Themenfeldern werden je sieben Zitate besprochen. Die Themen sind überwiegend neu. Ein kleiner Teil der Themen ist identisch mit denen des ersten Bandes, die Zitate sind freilich alle neu. Zur Erläuterung des Buches darf ich auf das Vorwort des ersten Bandes verweisen, wo alles Wesentliche gesagt worden ist. Dort habe ich ausgeführt:

Der Titel »Philosophie to go« scheint ein Widerspruch in sich zu sein, denn Philosophie wie die Weisheit ist ihrem Wesen nach »den Schritt anhalten«, zur Ruhe kommen, sich sammeln, nachdenken oder, wie die Inder sagten, sich zu den Füßen des Lehrers hinsetzen und zuhören. Aber seit den alten Chinesen, in deren Philosophieren die Suche nach dem »rechten Weg« (Tao, Dao) im Zentrum stand, bis hin zu Heidegger, der sein Denken – wie Platon – als ein »Unterwegs-Sein« verstand, war Philosophieren auch immer bewegt und bewegend. So passt es doch wieder, wenn wir einen Titel gewählt haben, der auch diejenigen Menschen »abholen« möchte, die nur noch unterwegs Zeit finden, über sich und ihr Leben nachzudenken.

Das Buch ist aus einem »Newsletter« entstanden, den ich seit Januar 2011 jeden Morgen unter dem Titel »Worte der Weisheit« per E-Mail an Interessierte verschicke. Es sind unvergängliche Lebensweisheiten und Einsichten aus den bedeutendsten Werken antiker Denker in Ost und West. Ich habe sie jeweils mit kurzen Kommentaren versehen, die ihren Inhalt, ihre Aktualität und Relevanz für unser Leben erläutern. Vielen Lesern haben sie Kraft, Inspiration und Anregungen gegeben, manchen auch Trost und Halt in schwierigen Zeiten. […]

Leben mit alten Weisheiten

Mich haben die Einsichten, Weisheiten, Anschauungen und Philosophien großer Denker und Weiser mein Leben lang begleitet. Sie haben meine Sichtweise verändert, meine Freude am Leben gesteigert, mich vor Schaden bewahrt, haben mir über existenzielle Tiefpunkte hinweggeholfen und die Kraft gegeben zu ertragen, was ich nicht ändern kann. Sie haben mich davon abgehalten, einseitig und unaufmerksam zu leben, meinem Körper zu schaden, übermäßig zu arbeiten, zu selbstbezogen zu handeln. Sie haben mir die Kraft und den Mut gegeben, gegen den Strom zu schwimmen, materiellen Verlockungen zu widerstehen, auf Macht und Ansehen zu verzichten, mich regelmäßig zu sammeln, Ruhe und Stille zu suchen, Freundschaften zu pflegen, auf die Schönheiten des Alltags zu achten und anderes mehr. Sie haben mein Leben zu dem gemacht, was es ist. Ich bin weit davon entfernt, ein Weiser zu sein. Was ich aber Gutes in meinem Leben errungen habe, das verdanke ich zum großen Teil einer immer wieder aufgenommenen und fortgeführten Beschäftigung mit dem antiken Weisheitsdenken. Ich werde diesen Weg fortsetzen und mich weiter mit dem beschäftigen, was mein Wohlbefinden beeinträchtigt. Um zu lernen, gut zu leben, braucht es das ganze Leben (Seneca). Aber ich weiß, dass jeder noch so kleine Erfolg mich zufriedener machen wird.

Alles, was ich auf diesem Weg gewonnen habe, entwickelte sich erst im Laufe der Zeit, nach vielen Erfahrungen, Erfolgen wie Enttäuschungen, Erfüllungen wie Versagungen, Begegnungen wie Trennungen. Lange geschah der Einfluss eher unbewusst. Erst sehr spät erkannte ich, dass wir »Weisheiten« auch bewusst einüben können und sogar müssen, wenn wir unsere Lebensqualität verantwortungsvoll und kontinuierlich verbessern wollen. Zu dieser Einsicht gelangte ich, als ich anfing, die vielen guten Gedanken, auf die ich während der Lektüre philosophischer Bücher stieß, systematisch zu sammeln, mir das Wichtigste herauszuschreiben, einzuprägen und im täglichen Leben »auszuprobieren«. Einzelne Spruchweisheiten, gelungene Formulierungen, Bilder oder Anekdoten wurden allmählich so präsent in meinem Denken und Bewusstsein, dass sie mir in konkreten Lebenssituationen sofort gegenwärtig sind und meine Reaktion im Denken, Fühlen und Handeln positiv beeinflussen. So fällt mir häufig das »Nichts zu sehr!« ein und hält mich davon ab, etwas zu übertreiben, etwa zu viel zu essen oder zu trinken. »Achtsam zuhören und nicht viel reden« (Kleobulos von Lindos) kommt mir in den Sinn, wenn ich in einem Gespräch zu viel von mir selbst erzähle und die anderen nicht ausreichend zu Wort kommen lasse. Immer wenn ich etwas tun möchte, was »man« gewöhnlich nicht tut, fällt mir Diogenes ein, der auf die Frage, warum er das Theater stets durch den Ausgang betrete, antwortete, »dass er dies sein ganzes Leben so gehalten habe«. Begegnet mir jemand missmutig, zornig oder aggressiv, fällt mir ein Ausspruch eines japanischen Weisen ein: »Lass dich durch die Dummheit der anderen nicht ärgern« (Kaibara Ekiken), oder: »Warte mit deiner Reaktion, bis der Zorn verflogen ist« (Pythagoras), oder: »Wende deinen Blick auf dich selbst und prüfe, ob du nicht ähnliche Fehler hast« (Marc Aurel). Die kontinuierliche Beschäftigung mit weisen Gedanken veränderte im Laufe der Zeit meine verinnerlichten Denk- und Verhaltensmuster, sodass sich heute Zorn, Ärger und Aggression zumeist im Aufwallen bereits wieder verflüchtigen. Ich bin kein empfindungsloses Neutrum geworden. Aber ich ärgere mich bei solchen Gelegenheiten nicht länger und kann souveräner und gelassener reagieren. Aus den guten Gedanken wurde eine Haltung, die mir Halt und Gleichmut gibt. Dadurch wird der Aggression des anderen die Spitze genommen, das Gespräch gerät in konstruktive Bahnen oder schaukelt sich zumindest nicht weiter hoch. Ich bin sehr froh darüber, für meinen persönlichen Bereich den Streit, also die aggressive Konfrontation (nicht Konflikt und Auseinandersetzung) aus der Welt geschafft zu haben. So erfüllte sich für mich ein Wort des Konfuzius und Laotse, wonach »der Weise keinen Streit kennt«.

Gelingt es mir aber einmal nicht, die Ruhe zu bewahren, dann denke ich an Seneca, der empfahl, abends vor dem Schlafengehen den Tag Revue passieren zu lassen, um sich zu loben für das Gelungene und sich zu ermahnen für das, was noch weiter geübt werden sollte. Drohe ich schließlich auch in dieser Bemühung nachzulassen, motiviert mich vielleicht der Satz aus dem I Ging, »die Dauer ist die Art des Weisen«, eine bewährte Übung wieder aufzunehmen, bis sie endlich zu einer festen Gewohnheit und Lebenshaltung geworden ist.

Diese Beispiele aus meinem persönlichen Lebensbereich sollen genügen, um die Wirkungsweise und den Nutzen von komprimierten philosophischen Gedanken zur Lebensführung zu veranschaulichen. Ich führe sie nicht an, weil ich mir als besonders weise vorkomme. Wie jeder Leser versuche ich jeden Tag aufs Neue, das Beste aus meinem Leben zu machen, manchmal mit mehr, manchmal mit weniger Erfolg. Aber ich habe die Erfahrung gemacht, dass der hier beschriebene Umgang mit den Einsichten und Weisheiten großer Denker uns allen helfen kann, mit den Schwierigkeiten und Herausforderungen des Lebens besser zurechtzukommen sowie seine Schönheiten bewusster wahrzunehmen und freudvoller zu genießen.

Es sollte natürlich nicht so sein, dass wir uns bei jeder Gelegenheit fragen, was würde Sokrates oder Konfuzius jetzt machen (obwohl das manchmal helfen kann). Am besten ist es ohnehin, überhaupt nicht mehr über das, was zu tun ist, nachdenken zu müssen und aus einer reifen und gefestigten Mitte heraus intuitiv das Richtige zu tun. Aber bis dahin ist es ein langer Weg. Andererseits ist es eine Tatsache, dass jeder von uns tagtäglich unzählige kleine und größere Entscheidungen trifft und dabei stets bewusst oder unbewusst Abwägungen vollzieht: Bleibe ich noch zehn Minuten im Bett liegen, oder mache ich ein wenig Gymnastik? Esse ich eine weitere Portion? Fahre ich mit dem Auto, mit den öffentlichen Verkehrsmitteln oder mit dem Fahrrad? Arbeite ich eine Stunde länger, oder fahre ich nach Hause? Gehe ich laufen, oder schaue ich TV? Nehme ich mir Zeit für meine Kinder, für meinen Partner oder für mich? All diese Entscheidungen haben Einfluss auf unser Wohlbefinden. Immer können wir uns gut oder weniger gut entscheiden. Je besser wir es lernen, überhaupt darüber nachzudenken, uns bewusst zu entscheiden und uns dabei von weisen Gedanken leiten zu lassen, umso besser bekommen wir unser Leben in den Griff und umso näher kommen wir uns selbst.

Um uns aber »weise« zu entscheiden, brauchen wir Weisheitswissen, das abrufbar und möglichst präsent und verinnerlicht ist. Dieses Weisheitswissen in einer Form zu präsentieren, die die nötige Kompaktheit besitzt und trotzdem nicht an der Oberfläche bleibt, ist eines der Ziele der vorliegenden Sammlung.

Wie sollen die »Worte der Weisheit« gelesen werden?

Die Leserinnen und Leser können das Buch an jeder beliebigen Stelle aufschlagen und mit der Lektüre beginnen. Jede Seite ist in sich abgeschlossen und aus sich heraus verständlich. Den inneren Zusammenhang, der zwischen den einzelnen Texten und Themen besteht und sich in der Gesamtschau zu dem Ideal einer weisen und gelungenen Lebensführung zusammenschließt, werden die Leser im Laufe der Zeit selbst erkennen …

Die Zitate stammen aus sehr alten Quellen, die teilweise nur bruchstückhaft überliefert sind und deren Übersetzung bisweilen große Schwierigkeiten bereitet, zumal wir vieles nur aus zweiter oder dritter Hand besitzen. Für den Umgang mit den nachstehenden Zitaten bedeutet dies, dass der Leser auf den Kern der Aussagen achten und darüber nachdenken sollte, was der Autor sagen wollte und welche Lebenssituationen er vor Augen hatte. Einwände lassen sich viele finden, zumal der erläuternde Kontext und die Begründungen hier regelmäßig fehlen. Es ist leichter, eine Weisheit zu »widerlegen«, als ihren tiefen Sinn mit all dem Ungesagten und nur Angedeuteten angemessen zu verstehen und die Relevanz für unser Leben zu erkennen. Was Horaz den Lesern seiner Satiren vorhielt, gilt von jeder der hier ausgewählten Weisheiten: Von dir und deinem Leben sprechen sie.[2]

Wir werden daher am meisten Nutzen aus den Zitaten ziehen, wenn wir wohlwollend interpretieren und nicht leichtfertig Dinge, Aussagen und Lebenssituationen unterstellen, die der Autor nicht im Sinn hatte. Sokrates hat einmal empfohlen, die Worte von Weisen nicht allzu schnell und leichtfertig beiseitezulegen, sondern sorgfältig zu überlegen, ob sie nicht wirklich etwas Wichtiges enthalten.[3] Das gilt auch uneingeschränkt hier. Alle Zitate stammen von herausragenden Philosophen und Weisen und aus Quellen, die seit Jahrtausenden Bestand haben und immer wieder bei den unterschiedlichsten Menschen, Kulturen und Nationen, in den unterschiedlichsten Epochen und Lebensumständen, Bewunderer und Nachahmer gefunden haben. Wir sollten uns auch nicht an extremen Zuspitzungen stören, die manche Wendungen kennzeichnen. Es geht nicht darum, die gegebenen Ratschläge eins zu eins zu befolgen oder überhaupt zu übernehmen, sondern ihren Sinn zu erfassen und zu überlegen, wie wir diesen Sinn in unseren jeweiligen Lebensumständen nutzbar machen können. Wenn der griechische Philosoph Krates sein ganzes Vermögen mit den Worten verschenkt: »Krates, Sklave des Krates, entlässt Krates in die Freiheit«, so müssen wir es ihm nicht nachmachen und unseren Besitz verschenken. Es reicht aus, die Episode als einen mahnenden Hinweis darauf zu verstehen, dass uns Besitz auch belasten und unfrei machen kann; zugleich aber auch als eine Aufforderung, es bei der Einsicht nicht zu belassen und aus ihr diejenigen praktischen Schlüsse zu ziehen und umzusetzen, die in Anbetracht unserer Lebensumstände angemessen und ratsam sind und uns persönlich weiterbringen. In dem gegebenen Beispiel könnte dies etwa bedeuten, unserem Streben nach Besitz »ein Maß zu setzen« (Pindar). Die Zitate sind Denkanstöße, die wir mit unseren eigenen Erfahrungen vergleichen und gegebenenfalls mit ihnen verschmelzen sollten, um vielleicht einmal etwas auszuprobieren oder zu tun, was wir bisher nicht getan haben, um zu sehen, ob wir nicht auf diese Weise unsere Lebensqualität, Lebensfreude und unser Wohlbefinden verbessern können.

Zur Gestaltung dieses Buches

Die Auswahl der Themen und Zitate ist wie jede Auswahl subjektiv. Die Aufgabe war nicht leicht, denn im Durchschnitt lagen mir pro Thema zwischen fünfzig und zweihundert sinnverwandte Stellen vor. Das verdeutlicht, wie verbreitet die hier mitgeteilten Gedanken in West und Ost seinerzeit waren. Erstes Auswahlkriterium war die Bedeutung der wiedergegebenen Einsicht für die Frage, inwieweit sie uns helfen kann, unsere Lebenspraxis zu verbessern. Kommt in dem Ausspruch ein allgemeiner Gedanke zum Ausdruck, der für das antike Weisheitsdenken besonders wichtig war und von ungebrochener Aktualität ist? Ferner wurde auf die Prägnanz, Eingängigkeit und Schönheit des Ausdrucks geachtet. Gewicht kam schließlich auch der Quelle und Bedeutung des Textes und der Philosophen für das Weisheitsdenken zu. Ich habe mich bemüht, Zitate aus China, Indien, aus dem Abendland und dem alten Ägypten möglichst nebeneinanderzustellen, um sowohl die gedankliche Verwandtschaft als auch die Unterschiede sichtbar werden zu lassen. Der verbindende Gedanke sollte wie durch ein Prisma aus verschiedenen Perspektiven in unterschiedlichen Brechungen aufleuchten. Wiederholungen sind beabsichtigt. Meine Kommentare und Interpretationen beschränken sich darauf, Fremdes zu erläutern, Hintergründe mitzuteilen, Geschichtliches zu ergänzen und – wenn nicht selbstredend – die Bedeutung des Gedankens für unser Leben hervorzuheben. Diese Bemerkungen sind kurz, punktuell und noch subjektiver als die Auswahl selbst. Sie sollen Raum lassen für eigene Gedanken und Auslegungen. Hier wie überall ist das »Selbstdenken« das Entscheidende. Sie erheben keinen Anspruch auf Wissenschaftlichkeit. Es sind Versuche einer Annäherung, die dazu noch häufig beschränkt sind auf einzelne Aspekte des Zitats. Sie gründen in einem Gesamtverständnis des Textes, des Autors, der Kultur, der Epoche, des antiken Weisheitsdenkens überhaupt, wie es sich in mir durch die langjährige fortgesetzte Beschäftigung mit den alten Texten gebildet hat. Was die Autoren seinerzeit wirklich gedacht haben, als sie den Text schrieben oder die Äußerung taten, weiß heute niemand mehr mit Bestimmtheit zu sagen. Schon jede Übersetzung ist Interpretation. Wie nahe wir dem kommen, was der Autor gedacht hat, scheint im Übrigen weniger wichtig zu sein als die Nähe zu der Sache selbst, zu der in dem Zitat zum Ausdruck kommenden Weisheit, die wir im inneren Dialog mit dem Text erreichen können. Es genügt, wenn uns das Zitat zu guten und brauchbaren Gedanken anregt, die geeignet sind, unsere Lebenspraxis positiv zu beeinflussen und eine Veränderung in Gang zu setzen.

Die Zitate sind orthografisch an unsere Schreibweise angepasst, bisweilen auch geringfügig, aber nie sinnentstellend abgeändert, um die Lesbarkeit und das Verständnis zu erleichtern. Häufig lagen mir mehrere Übersetzungen einer Stelle vor. Insbesondere bei den chinesischen Texten, bei denen die Übersetzungen bisweilen ganz erheblich voneinander abweichen, habe ich mich jeweils für diejenige entschieden, die mir aus dem Gesamtverständnis des altchinesischen Denkens heraus die treffendste schien. Hier sei dem Leser besonders angeraten, sich weniger an einzelne Worte zu halten, als vielmehr zu versuchen, den Sinn des Gedankens zu erfassen. Die Übersetzung altchinesischer Texte ist mit außerordentlichen Schwierigkeiten verbunden, sodass eine starre Interpretation einzelner Begriffe selten weiterführt. Die alten Chinesen selbst verwendeten ihre Schriftzeichen nicht einmal in demselben Text in einem festen, eindeutigen Sinn.

Die Fundstellen sind am Ende angegeben, um dem Interessierten Gelegenheit zur vertiefenden Lektüre zu geben. In einer Literaturempfehlung gebe ich einige Schriften an, die sich für ein Weiterlesen anbieten. Die Klammerzusätze in den Zitaten sind vom Verfasser und sollen das Verständnis erleichtern.

Es empfiehlt sich, lieber öfter und immer wieder zu diesem Buch zu greifen, als lange an einem Stück darin zu lesen. Die Zitate wollen bedacht und in ihrer inhaltlichen Fülle verstanden werden. Nicht alles wird gleich stark wirken, manches wird den Leser vielleicht gar nicht erreichen oder von ihm abgelehnt werden. Anderes wird sich vielleicht erst bei nochmaligem Lesen oder in anderen Stimmungen oder Lebenssituationen erschließen. Manche Zitate haben mir erst etwas gesagt, als ich sie zum wiederholten Mal gelesen habe, andere habe ich erst nach Jahren in ihrem vollen Gehalt erfasst. Die tiefsten Aussprüche sind wie Meisterwerke der Kunst, die wir immer wieder anschauen und in denen wir immer wieder etwas Neues entdecken können. Sie scheinen lebendig, ja unsterblich zu sein, vielleicht, weil sie das Wesen des Lebens treffen, dem sie entsprungen sind.

Die Zitate sind nicht alles Merksprüche, stets aber Gedanken, Verdichtungen, Zusammenfassungen wesentlicher Gedanken und Zuspitzungen, die eine Erkenntnis in knapper Form wiedergeben. Sie alle haben die Qualität der Prägnanz, der Eindringlichkeit und Erinnerbarkeit. Aber auch die Fähigkeit, Resonanz auszulösen, zu berühren, zu bewegen, wachzurufen, der Seele einen Anstoß zu geben, um Veränderungen hervorzurufen oder Veränderungsprozesse anzustoßen, nachdenklich zu machen, Staunen, Bewunderung oder Verwunderung hervorzurufen und neue Gedanken oder Denkwege zu eröffnen.

In dem Nachwort zu »*Philosophie to go*« habe ich genauer dargelegt, wie diese Weisheitstexte unser Leben bereichern können, und dass dieser Art des problem- und praxisorientierten Philosophierens eine lange Tradition zugrunde liegt, die vielen Menschen eine wertvolle Hilfe bei der Lebensbewältigung war. Diese Tradition ist immer noch hochaktuell, und ich hoffe, dass dies der Leser auch erkennen wird. Die Weisheit ist uralt, nur der Irrtum ist immer wieder neu. Schon Aristoteles lehrte, »dass dieselben Wahrheiten nicht nur ein- oder zweimal, sondern unendlich oft in der Menschheit auftauchen. Daher begründete er eine Sammlung der griechischen Sprichwörter, weil er in ihren kurzen schlagenden Erfahrungssätzen überlebende Reste einer vorliterarischen Urphilosophie vermutete, die sich aufgrund ihrer Prägnanz und Kürze durch alle geistigen Veränderungen der Zeiten hindurch auf mündlichem Wege erhalten haben. Er hat mit scharfem Blick den Wert der Sprichwörter und der Spruchdichtung für die Erforschung der Anfänge der moralischen Reflexion erkannt.«[4]

Ich wünsche dem Leser viele nachhaltige Anregungen und manche Funde, seien es auch nur wenige oder nur ein einziger, den er zum Anlass nimmt, sein Leben und seine Persönlichkeit weiterzuentwickeln. Jeder Schritt, auch der kleinste, den wir bei unserer inneren Entwicklung machen, ist ein Fortschritt. Jeder Fortschritt ein Gewinn an Lebensfreude.

Zur Vertiefung der antiken Weisheitslehren verweise ich auf meine bisherigen Bücher »*Wie lebe ich ein gutes Leben? Philosophie für Praktiker*«, »*Denken heilt! Philosophie für ein gesundes Leben*«, »*Vom Glück des Wanderns. Eine philosophische Wegbegleitung*« und »*Leben lernen – ein Leben lang*«.

STILLE

Die Aura innerer Einkehr

Schaffe Leere bis zum Höchsten! Wahre die Stille bis zum Völligsten!

Die Worte sind Teil einer berühmten Stelle aus dem Daodejing (Tao-Te-King) des **Laotse**. Ein bedeutender Kulturhistoriker sagte über dieses Zitat, es gebe vielleicht keine weisere Stelle in der ganzen Weltliteratur. Es lohnt sich, sie im Zusammenhang zu lesen:

»Schaffe Leere bis zum Höchsten!
Wahre die Stille bis zum Völligsten!
Alle Dinge mögen sich dann zugleich erheben.
Ich schaue, wie sie sich wenden.
Die Dinge in all ihrer Menge,
ein jedes kehrt zurück zu seiner Wurzel.
Rückkehr zur Wurzel heißt Stille.
Stille heißt Wendung zum Schicksal.
Wendung zum Schicksal heißt Ewigkeit.
Erkenntnis der Ewigkeit heißt Klarheit.«[5]

»Stille« ist hier das Zur-Ruhe-Kommen des unaufhörlichen intentionalen Denkens und Wollens, der ruhige Fluss des Lebens, das Zurückkommen zu sich selbst, zu der Erkenntnis und Annahme des natürlichen Kreislaufs alles Lebendigen *(»Ewigkeit«)* einschließlich des persönlichen Schicksals; wir können sagen: der Inbegriff aller Gelassenheit. Wer das erlangt, der bekommt Klarheit über sich selbst, seine Bestimmung und den Sinn des Lebens. Er kann sich zu sich selbst und zu seinem Schicksal bekennen. Mehr kann an dieser Stelle zu dem komplexen Gehalt des Zitats nicht ausgeführt werden.

Der Mensch ist glücklich, wenn seine Seele still und ruhig ist, weil sie durch keinerlei Erregung gestört wird.

Der griechische Philosoph **Epikur** war der Auffassung, dass das Glück des Menschen darin besteht, die Dinge und das Leben so zu genießen, dass der innere Seelenfrieden weder durch Ängste noch durch Schmerzen oder sonstige Beunruhigungen gestört wird. Diesen Seelenzustand verglich er mit der Meeresstille:

»Wie man unter Meeresstille das versteht, dass nicht einmal der schwächste Luftzug die Flut bewegt, so erscheint der Zustand der Seele ruhig und still, wenn keinerlei Störung mehr da ist, durch die er in Erregung geraten könnte.«[6]

Damit ist keine Leb- oder Empfindungslosigkeit gemeint, keine Weltflucht, keine Aufgabe äußerer Bemühungen, Aktivitäten und Unternehmungen. Epikur hat die innere Haltung und die Grundstimmung heiterer Gelassenheit im Auge, die wir bei all dem, was wir tun, wahren und schützen sollten. Dies gelingt uns, wenn wir im Innern auf Distanz zu jedweder Bezogenheit auf Äußeres gehen. Eine bis heute anhaltende Polemik löste Epikur dadurch aus, dass er dieses Glück als die höchste »Lust« bezeichnete, die der Mensch auf Erden erlangen kann. Das aber ist ein Missverständnis. Man tut besser daran, das griechische Wort »hedone«, das er verwendete, mit »Freude« oder »angenehmer Empfindung« zu übersetzen.

Wem stille Ruhe ward zuteil, den fechten keine Leiden an ...[7]

Dieses Zitat stammt aus der indischen **Bhagavadgita.** An anderer Stelle heißt es dort:

»Die höchste Lust den überkommt,
Der Ruhe des Gemüts erreicht.«[8]

Die Bhagavadgita dürfte hier in erster Linie, aber nicht nur, den Zustand der Versenkung in yogische Meditation im Auge haben. Der erste Satz besagt, dass innere Ruhe und Ausgeglichenheit die beste Vorbeugung gegen alle seelischen, aber auch gegen die meisten körperlichen Leiden ist. Diese sind, wie bereits im Altertum bekannt, in ihrem Entstehen, ihrem Verlauf und in ihrem Ende in hohem Maße seelisch bedingt. Es ist erstaunlich, in welchem Maß die moderne biomedizinische Forschung wie etwa die Psychosomatik, die Neurowissenschaften, die Gehirnforschung und die Psychoneuroimmunologie wissenschaftliche Beweise für zahlreiche Annahmen und Einsichten liefern, zu denen die antiken Weisen und Philosophen durch Beobachtung der menschlichen Natur und durch reines Nachdenken vorgedrungen sind.

Stille entsteht, wenn der Mensch völlig in sich selbst ruht. Diese Stille ist schöpferisch.

So würde ich folgende Stelle bei dem chinesischen Philosophen **Liezi** verstehen:

> *»Der SINN (Dao, der rechte Weg) des auf sich selbst Beruhenden ist Stille: So entstehen Himmel, Erde und die ganze Natur …«*[9]

Nicht wenige Aussagen bei Liezi, so auch diese, dürften sich auf das Daodejing des Laotse beziehen. Die Stille, die hier gemeint ist, bedeutet: alles Unwesentliche abstreifen, leer werden von allem Äußerlichen, in seine Mitte kommen. Sie bezieht sich sowohl auf die äußere Natur wie auf die Natur des einzelnen Menschen. Aus ihr entsteht alles. In diese Stille und Leere hinein kann der »Anruf des Seins« erfolgen und vernommen werden, sein Eigenstes zu ergreifen und zu gestalten, d.h. sein Leben nach den eigenen Vorstellungen einzurichten und zu verwirklichen. Was der Mensch tut, wenn er ganz und ungestört bei sich ist, in sich ruht, sein Innerstes und seine Mitte lebt und erfährt, das hat Dauer, Substanz, Gehalt. Das ist das wirklich Bedeutende, das Nährende, das Eigentliche. Das ist die Erfüllung seiner Bestimmung. In ihr erfährt er sein Glück und seine Zufriedenheit.

Sokrates schätzte die Stille ebenso wie die Unterhaltung.

Sokrates war nicht nur ein Meister des Dialogs, sondern auch der Versenkung. Aus mehreren Quellen wird uns folgende Begebenheit berichtet:

> *»Wir haben gehört, dass Sokrates neben anderen freiwilligen Kraftproben und Leibesübungen, um sich gegen Schicksalsschläge abzuhärten, auch die Gewohnheit hatte, Folgendes zu tun:*
> *Oft stand er, sagt man, den ganzen Tag und die ganze Nacht, von einem Sonnenaufgang zum anderen, ohne mit den Augen zu zwinkern, unbeweglich, die Füße auf demselben Fleck, das Antlitz und den Blick auf einen Fixpunkt gerichtet, in Nachdenken versunken, als wären sein Geist und seine Seele vom Körper getrennt.«*[10]

Das klingt wie die Beschreibung eines Yogi, Mystikers oder Heiligen bei der Meditation und Versenkung ins Göttliche. Der Mann, der das »*Erkenne dich selbst!*« wie kein anderer von sich und seinen Mitmenschen eingefordert hat, wird gewusst haben, dass dafür ein regelmäßiges In-sich-Gehen gehört, ein In-sich-Hineinhorchen, eine Selbstbesinnung, ein Stillwerden, ein Schweigen; aber auch ein Nichtstun, Stunden des Alleinseins, des mentalen Leerwerdens, des Verstummens der äußeren Welt; schließlich des Schaffens eines inneren Raumes, in den hinein ein Anruf, ein Geistesblitz, eine neue Erfahrung treten kann.

Wenn du von deinem Weg abirrst, dann zieh dich in einen stillen Winkel zurück und komme wieder zu dir selbst!

So würde ich die folgende Stelle aus den Selbstbetrachtungen des Philosophenkaisers **Marc Aurel** umschreiben:

> *»Und wenn du die Kraft hast, ihnen (den Tugenden) treu zu bleiben, dann bleib dabei wie einer, der auf die Inseln der Seligen entrückt ist. Wenn du aber merkst, dass du wieder vom Wege abirrst und nicht Sieger bleibst, dann zieh dich getrost in einen Winkel zurück, wo du den Sieg erringen wirst.«*[11]

An einer anderen Stelle drückt er denselben Gedanken so aus:

> *»Wenn du durch die Umstände gezwungen wirst, irgendwie deine Fassung zu verlieren, dann zieh dich schnell in dich selber zurück und gerate nicht mehr aus deiner Bahn, als unvermeidlich ist. Denn du wirst über die Harmonie mehr Herr werden, wenn du beständig zu ihr zurückkehrst.«*[12]

In dem Wort »*Harmonie*« stecken das Bei-sich-selbst-Sein, das Mit-sich-selbst-ins-Reine-Kommen, die innere Ausgeglichenheit, die »Geborgenheit im Innern«. Nichts dürfte uns stärker geprägt haben als die embryonale Erfahrung des Geborgen- und Getragen-Seins, des Genährt- und Geschützt-Werdens, der Wärme, Fürsorge, körperlichen Nähe, ja des Einsseins mit der Mutter und der Natur. Vielleicht lässt sich all unser Streben nach Glück und Zufriedenheit auf diese eine Grunderfahrung zurückführen.

Für den Stillen öffnet sich das Innerste des Hauses.[13]

Die Stelle stammt aus einem uralten ägyptischen Text, der sog. »**Lehre des Kagemi**« (3. Jtd. v. Chr.). Im Zusammenhang lautet sie:

> *»Für den Stillen öffnet sich das Innerste des Hauses, und frei ist der Raum für den Zufriedenen, rede nicht unnötig …«*

Angesichts der großen zeitlichen Distanz dürfte es schwierig sein, den Sinn dieses Ausspruchs so wiederherzustellen, wie er seinerzeit gedacht war. Gemeint könnte sein, dass wir uns einem »stillen Menschen« eher öffnen; aber auch, dass ein Mensch in stiller Sammlung eine höhere Achtsamkeit und Sensibilität für alle äußeren Eindrücke hat. Er ist innerlich gestimmt und bereit, etwas zu erfahren, er ist offen, um etwas hereinzulassen und zu empfangen, er ist bereit, sich anrühren und verändern zu lassen. So sieht und erfährt er mehr, schaut in das »*Innerste des Hauses*«. Aus diesen und anderen Gründen war die Stille als schweigsame Seelenruhe und innere Sammlung in der Antike in Ost und West eine wichtige Quelle von Einsichten, Erfahrungen und Momenten der Klarheit und Erleuchtung; damit zugleich die Grundlage und Quelle weiser Lebensführung.

MASSHALTEN

Nicht zu viel und nicht zu wenig

Bei allem, was der Mensch tut, sollte er eine Waage bei sich haben.

Die alten Chinesen waren ebenso tiefe Denker wie die Griechen und Inder. Bedingt durch ihr Schriftzeichensystem, philosophierten sie allerdings mehr mithilfe von Bildern als in fest definierten Begriffen. Ein Beispiel dafür gibt folgendes Zitat des bedeutenden Philosophen **Xunzi**, das sich mit den Irrtümern beim Maßhalten beschäftigt:

> *»Darum muss der Mensch bei allem, was er tut, immer und überall zu wägen wissen, als trüge er eine Waage bei sich. Ist die Waage ungenau, so mag die Seite, wo Schweres hängt, emporschnellen, sodass man meinen könnte, es sei leicht, indes die Seite, wo Leichtes hängt, hinabsinkt, sodass man es für gewichtig hält. So täuscht sich der Mensch im Hinblick auf das Gewicht der Dinge. Ist aber die Waage des wägenden Verstandes ungenau, so mag sich sehr wohl hinter dem wünschenswert Erscheinenden Unheil verbergen und doch für ein Glück gehalten werden; und ebenso mag sich hinter verabscheuungswürdig Erscheinendem Glück verbergen, indes man Unheil darin wittert. So täuscht sich der Mensch im Hinblick auf Glück und Unheil.«*[14]

Weisheit als Maßhalten bedeutet demnach, die Waage des wägenden Verstandes zu justieren und immer wieder zu überprüfen, um richtig zu ermessen, was uns auf Dauer guttut oder was eher Schaden und Leid mit sich bringt. Jedes Entscheiden ist ein Abwägen, und alles hängt ab von unseren Werten, Haltungen und Einstellungen. Auf sie kommt es an.

Wahre die richtige Mitte; solch Maß ist in allem das beste.[15]

Die Aufforderung, in allem Maß und Mitte zu wahren, ist in den Weisheitslehren aller antiken Kulturen fest verankert. Aber bei keinem Volk wurde dieser Grundsatz so bestimmend und zentral wie bei den Griechen. Die Wahrheit dieser Erkenntnis gilt ungebrochen bis heute. Das Zitat ist ein sehr frühes Zeugnis aus einer Zeit, da ein noch von Mythen geprägtes Denken allmählich in ein rationales Denken überging. Es stammt aus einem der ersten Lehrgedichte auf griechischem Boden. Es heißt »*Werke und Tage*«. Sein Verfasser war **Hesiod** (um 700 v. Chr.). Dass die Mitte das richtige Maß bezeichnet, finden wir 300 Jahre später an zentraler Stelle in der Aristotelischen Ethik wieder. Aristoteles sah das richtige, tugendhafte Verhalten darin, dass die Mitte zwischen den Extremen des Zuviel und Zuwenig getroffen wird. Er wusste auch, dass in Fragen der praktischen Lebensführung die richtige Mitte von der jeweiligen Person abhängt, weshalb er sagte, die Mitte läge bei jedem woanders.

Der Stamm, der größer als sein rechtes Maß ist, von dem wird das Zuviel weggeschnitten.

In einem ägyptischen Papyros (sog. **Papyros Insinger**) heißt es:

> *»Sage nicht: ›Es geht mir gut‹, indem du dabei das Schicksal, das in dir steckt, vergissest. Der Gottlose, der im Vertrauen auf die eigene Kraft hochmütig ist, dem bringt seine Gesinnung Schaden. Der Stamm, der größer als sein rechtes Maß ist, von dem wird das Zuviel weggeschnitten. …*
> *Alles, was gut und ebenmäßig ist, ärgert seinen Herrn nicht. Alle Dinge, die das Ebenmaß halten, sind schön, alle Dinge, die größer als ihr Ebenmaß, gehen zugrunde. Der große Gott (der Weisheit), Thot, hat seine Waage gesetzt, um damit Gleichgewicht auf Erden zu schaffen. Er versteckt sein Herz im Fleisch, damit sein Herr gleichmäßig (ausgeglichen) sei. Ist der Weise nicht gleichmütig, reicht sein Wissen nicht aus.«*[16]

In verschiedenen Varianten wird hier die Verletzung des richtigen Maßes, das Über- oder Untermaß, als Ursache für ein Scheitern hingestellt und das rechte Maß als die innere Ordnung der Welt. Nach dem ersten Absatz stellt die Überheblichkeit (Hybris), das Sich-über-sich-selbst-Hinausheben, eine solche Verletzung des richtigen Maßes dar. Dass der Gott der Weisheit *»sein Herz im Fleisch«* versteckt und einpflanzt, kann bedeuten, dass bei einem weisen Menschen das Gespür für das rechte Maß in Fleisch und Blut übergegangen und Intuition geworden ist. Der letzte Satz besagt, dass das Maßhalten wie alle Weisheit auch eine Frage des Wissens und der Erkenntnis ist, die den Wert der Dinge richtig bestimmt.

Wer in Fülle und Leere das rechte Maß wahrt, der kommt ans Ziel.

Das ist der Sinn folgender schwierigen Stelle bei **Konfuzius**:

> *»Wer sich selbst mindert, wird gemehrt werden. Wer sich selbst mehrt, wird zerbrochen werden … Nicht die Mehrung des Sinns (Dao, Tao, der ›rechte Weg‹) ist damit gemeint. Je mehr der Sinn gemehrt wird, desto mehr wird das Ich gemindert. Wer nach Wissen strebt, mindert seine Selbstsucht, um, leer geworden, von andern zu nehmen; auf diese Weise kann er Fülle und Weite erreichen. Der Weg (Dao, Tao) des Himmels ist es, dass, wenn etwas vollendet ist, es sich wandelt. Dass etwas auf dem Gipfelpunkt der Fülle lange verweilen könnte, ist noch nie vorgekommen … Wer das rechte Maß herzustellen weiß in der Fülle und Leere, der ist nicht voll von sich selbst, darum vermag er Dauerndes zu leisten.«*[17]

Wer dem »rechten Weg« (Dao) folgt, vermindert seine Selbstsucht und wird insofern »leer«, als er seine »egoistischen«, rein selbstbezogenen Wünsche, Ziele und Zwecke aufgibt. Wo wir leer werden und das Ego verschwindet, entsteht »Fülle«, indem wir für Wertvolles, das unserem Wesen gemäß ist, wach und offen werden und es in uns herein- und wachsen lassen (*»von anderen nehmen* = lernen«). Aber auch Vollendung unterliegt dem Wandel, sodass wir nur in dem angemessenen Wechsel von Fülle und Leere unser Wesen (Dao) finden und Wertvolles *(»Dauerndes«)* schaffen können. Das ist der Weg von Kosmos und Natur – so auch der unsrige.

Dem Gewinn ein Maß zu setzen tut not!

Im Hinblick auf die drohende Klimakatastrophe sollten wir dieses alte Wort des griechischen Dichters Pindar bedenken:

»Dennoch ersehnen wir
Manches Werk
Und geben uns selbst vertrauenden
Planungen hin.
Denn unsre Glieder
Liegen in Banden
Verwegener Hoffnung,
Und fern sind die Quellen
Klugen Bedenkens.
Dem Gewinn ein Maß
Zu setzen tut not;
Doch heftiger stachelt
Die Torheit uns,
Das Unerreichbare
Sehnend zu wünschen.«[18]

Unser Hoffen, Planen und Streben scheint keine Grenzen zu kennen, und ein jähes Erwachen scheint unausweichlich. Unsere Begierden, unsere Bequemlichkeit und unser Festhalten am lieb gewordenen Wohlstand sind stärker als die Sorge um die Zukunft. Wir wollen uns alles verfügbar und untertan machen und zerstören dabei unsere natürlichen Lebensgrundlagen. Immer noch glauben wir, unseren Wohlstand ohne Einschränkungen halten, die Armut besiegen und gleichzeitig die Natur bewahren zu können. Das wird uns nicht gelingen.

Der Weise verringert, was er zu viel hat, und vermehrt, woran es ihm mangelt.

Im Tao-te-king (Daodejing) des **Laotse** heißt es:

»Des Himmels SINN (Dao), wie gleicht er dem Bogenspanner!
Das Hohe drückt er nieder,
das Tiefe erhöht er.
Was zu viel hat, verringert er,
was nicht genug hat, ergänzt er.
Des Himmels SINN ist es,
was zu viel hat, zu verringern, was nicht genug hat, zu ergänzen.
Des Menschen Sinn ist nicht so.
Er verringert, was nicht genug hat.
Um es darzubringen dem, was zu viel hat.
Wer aber ist imstande, das, was er zu viel hat, der Welt darzubringen?
Nur der, so den SINN hat.«[19]

Mit »*des Himmels SINN*« ist der »rechte Weg« gemeint, auch die Natur und Bestimmung, das höchste kosmische und ethische Prinzip der alten Chinesen. Wer ihm zu folgen vermag, ist weise. Der rechte Weg vermeidet jedes Über- und Untermaß. Wie beim Bogenspannen wird das hohe Ende des Bogens heruntergedrückt, während das untere Ende sich dem oberen annähert. Alles findet in der Natur ihren Ausgleich. Die Menschen aber, meint Laotse, verfolgen in ihrer Lebensführung entweder zu viel oder zu wenig. Entweder sie raffen oder vernachlässigen. Keiner denkt daran, sein Zuviel der Welt zu schenken, damit alles ins rechte Maß kommt.

Maßlose Hoffnungen macht sich, wer unverhofften Erfolg hat.

Bei **Seneca** lesen wir:

> *»Allzu großes Glück macht die Menschen freilich gierig, und niemals lassen sich die Leidenschaften so weit mäßigen, dass sie dann aufhören, wenn ein Wunsch erfüllt wird. Man schreitet von Großem zu Größerem, und überaus maßlose Hoffnungen macht sich, wer unverhofften Erfolg hat.«*[20]

Viele Weise der Antike warnten vor den Leidenschaften und dem unkontrollierten Umgang mit den Begierden, weil beide die Tendenz haben, die Alleinherrschaft über das Seelenleben zu übernehmen und alle anderen Kräfte und Seelenteile zu unterdrücken und zu vernachlässigen (Platon). Sie warnten vor dauerhaften Einseitigkeiten und empfahlen einen ausgewogenen Ausgleich der unterschiedlichen Bedürfnisse in einem harmonischen Ganzen. Wer unerwarteten Erfolg hat, dem steigt er häufig zu Kopf, und er verliert das Gespür für das rechte Maß und einen wohltuenden Ausgleich.

UMSETZUNG VON WEISHEIT

Nur was gelebt wird, zählt

Etwas lernen und sich immer wieder darin üben – schafft das nicht Freude?[21]

Mit diesem Satz beginnen die berühmten »Gespräche« des **Konfuzius**. Man könnte sagen, dass in diesen Worten sein ganzes Bildungsprogramm enthalten ist. Sie bringen auf den Punkt, was Weisheit ist und worin sie sich von der theoretischen Philosophie unterscheidet: Weisheit ist Denken *und* Handeln. Nur wo diese beiden Aspekte zusammenkommen, kann von Weisheit gesprochen werden. Wer viel weiß, ist nicht weise, solange er nicht vermag, dieses Wissen in Lebenspraxis umzusetzen. Aber noch mehr steckt in diesen Worten. Konfuzius spricht von *»üben«*. Weisheit ist eine ständige Übung, ein Weg der Bildung und Entwicklung der eigenen Persönlichkeit durch Praktizieren. Um die eigene Persönlichkeit weiterzuentwickeln, müssen wir sie verändern, transformieren, umgestalten. Die Lebensweise verändert sich nur, wenn wir unsere Gewohnheiten ändern. Die Gewohnheiten aber verändern wir nur durch kontinuierliche Übung. Ohne das Einüben neuer Gewohnheiten oder das Abgewöhnen selbst schädigender Denk- und Verhaltensweisen gibt es keinen Fortschritt, weder bei der Entwicklung der Persönlichkeit noch auf dem Weg zur Weisheit.

Das Wesen der Weisheit liegt nicht im Wort, sondern in der Tat.

Das ist der Sinn folgender Worte des römischen Philosophen **Seneca** aus seinen Briefen an den Freund Lucilius:

> *»Möchtest du es selbst doch ebenso halten: Du darfst dir nicht voreilig und leichthin glauben. Prüfe dich bis ins Innerste, erforsche und beobachte dich auf jede Weise; achte vor allem darauf, ob du im philosophischen Studium oder im Leben selbst Fortschritte gemacht hast. Die Philosophie ist keine handwerksmäßige Kunstfertigkeit und bietet nichts zur Schaustellung Geeignetes. Ihr Wesen liegt nicht im Wort, sondern in der Handlung. Sie … formt und bildet den Geist, ordnet das Leben, regelt unsere Handlungen, zeigt uns, was zu tun und zu lassen ist, sitzt am Steuerruder und lenkt das Schiff durch die Fährnisse des Wogenschwalles. Ohne sie kann niemand ohne Zagen, ohne Sorge leben. Jede Stunde bringt Unzähliges, was Rat erfordert, der nur von ihr geholt werden kann.«*[22]

Die Philosophie wird hier als Weisheitslehre aufgefasst, die uns helfen soll, das Leben zu meistern. Mit dem Ende der Antike geriet diese Bedeutung in Vergessenheit. Kant erinnerte wieder daran, dass *»der eigentliche Philosoph der praktische Philosoph sei, der Lehrer der Weisheit in Lehre und Praxis«*. Aber auch diese Feststellung blieb ohne Folgen. Die akademische Philosophie von heute betrachtet die Umsetzung von Weisheit oder ethischer Prinzipien durch Integration in die eigene Persönlichkeit nicht als ihren Lehrgegenstand. Das ist umso bedauerlicher, da weder im Schulwesen noch sonst wo die Kunst gelingender Lebensführung gelehrt wird.

Übe, was du gelernt hast, und du wirst das Leid hinter dir lassen und Freude ernten.

So könnte der Sinn folgender Stelle aus der indischen **Bhagavadgita** wiedergegeben werden. Es spricht der Gott Krishna zum Helden Arjuna:

»Die Freuden auch, o Bharata (Arjuna),
Sind ihrer Art nach dreierlei:
Die erste sichert Übung nur,
Doch macht von allem Leid sie frei.

Sie, die zu Anfang schmeckt wie Gift
Und später wie Ambrosia, …«[23]

Für Weisheit als wohltuende Lebenspraxis ist die kontinuierliche Übung und konsequente Anwendung von Einsichten über die richtige Lebensführung unabdingbar. Dies hat sie mit regelmäßigem Sport gemeinsam. Während dieser die körperliche Fitness trainiert, trainiert die Weisheitsübung den Geist, die Seelenkräfte und die Lebensweise, sorgt dadurch für nachhaltiges seelisches Wohlbefinden. Wenn wir zum Beispiel eingesehen haben, dass Maßhalten für das eigene Glück notwendig ist, sollten wir uns darin üben, weniger zu arbeiten, zu essen, zu trinken, bis uns die Wahrung des rechten Maßes zu einer festen Gewohnheit und Selbstverständlichkeit geworden ist. Wie beim Sport ist der Anfang beschwerlich. Später können wir auf ihn nicht mehr verzichten.

Wer weise leben will, muss sich innerlich wandeln.

Das ist der Sinn folgender Stelle bei dem römischen Philosophen **Seneca.** Er zitiert den frühen Stoiker Ariston:

> *»Die Philosophie umfasst zwei Teile: das Wissen und die Seelenverfassung. Denn wer den Lehrgang durchgemacht und richtig begriffen hat, was zu tun ist und was zu meiden ist, ist noch nicht weise, und zwar nicht eher, als bis er eine innere Wandlung durchgemacht hat, durch die seine Seele ganz mit dem, was sie gelernt hat, verschmolzen ist.«*[24]

An dieser »*inneren Wandlung*« scheitern die meisten. Wir wissen viel über das, was uns guttut, aber handeln oftmals nicht danach. Der Grund dafür ist, dass unser »Wissen« an der Oberfläche bleibt und nicht durch beharrliches Einüben im täglichen Leben tiefer in der Seele verankert und eingeprägt wird. Bevor dieses Wissen nicht zu automatischen Denk- und Verhaltensmustern wird, bevor nicht stabile synaptische Verbindungen zwischen dem Wissen, der Motivation und dem Willen, entsprechend zu handeln, hergestellt sind, fallen wir immer wieder in alte Gewohnheiten zurück, ohne von unserem Wissen den rechten Gebrauch zu machen.

Erkennen ist nicht schwer, nur Handeln ist schwer. [25]

Das Zitat stammt aus dem chinesischen »**Buch der Geschichte**«. Es bringt eines der Hauptprobleme der Weisheit auf die denkbar kürzeste Formel: Uns ist vieles bekannt, was Weisheit lehrt – doch wir handeln trotzdem nicht danach. Es macht den Reiz antiker Weisheitslehre aus, dass sie häufig zentrale Probleme der Lebensführung in kurze und griffige Aussprüche verdichtet. Sie wusste, dass wir unsere Einsichten stets »zur Hand haben« sollten (Seneca), wenn wir sie brauchen. Wir sollten uns einer Einsicht spontan erinnern, wenn wir in eine Situation geraten, in der sie uns den rechten Weg weisen kann. Das Zitat ist ein gutes Beispiel für einen leicht erinnerbaren Merksatz. Mir fallen ständig Sentenzen ein und leiten mich durchs Leben. »*Glückliche Zeiten … als alle Weisheit in kurzen Lebensregeln bestand*«, sagte Lessing einmal.[26]

Das praktische Yoga besteht aus Disziplin, Selbsterkenntnis und Hinwendung zur höchsten Form des Gewahrseins.[27]

So lautet ein Yoga-Sutra des **Patañjali**. Ein bedeutender Yogalehrer unserer Zeit interpretierte diesen und die beiden folgenden Sutras so:

> *»Die erste Weisheit besteht darin, wahrzunehmen, dass ich mich in Schwierigkeiten befinde, und mir das auch absolut klarzumachen. Die zweite Weisheit ist, anzuerkennen, dass es bestimmte Gründe für diese Schwierigkeiten gibt. Die dritte Weisheit ist, anzuerkennen, dass ich aus diesen Schwierigkeiten herauskommen möchte und dafür eine Anstrengung aufbringen muss. Die vierte Weisheit ist, dass ich mir vornehme, dies auch wirklich zu tun. Was auch immer geschieht, ich werde diese Anstrengung erbringen: Das ist praktische Weisheit.«*[28]

Wir haben hier eine Variation der vier edlen Wahrheiten Buddhas: Die erste edle Wahrheit besagt, dass Leben Leiden ist. Die zweite handelt von den Ursachen für die Entstehung des Leidens, die dritte von der Überwindung des Leidens, die vierte ist der achtfache Pfad, den wir begehen müssen, um das Leiden auch praktisch zu überwinden. Es ist ein Pfad zur Einübung und Verinnerlichung wohltuender Haltungen und Werte, zur Praktizierung weiser Einsichten. Die acht Pfade lauten in meinem Verständnis: rechtes Denken, rechte Haltungen, rechtes Sprechen, rechtes Verhalten, rechter Broterwerb, rechte Achtsamkeit, rechtes Sich-Versenken, rechtes Üben. Wer das beachtet, kommt weiter.

Die Menschen sagen alle: Ich weiß, und handeln doch anders.

Die Stelle stammt aus dem chinesischen »**Buch der Riten, Sitten und Gebräuche**« und lautet im Zusammenhang:

> *»Der Meister (Konfuzius) sprach: Die Menschen sagen alle: Ich weiß. Aber sie stürzen blindlings vorwärts und verwickeln sich in Netze und Stricke, in Fallen und Gruben, und keiner ist, der sie zu meiden wüsste. Die Menschen sagen alle: Ich weiß. Aber wenn sie Maß und Mitte erwählt haben, so können sie nicht einen Monat lang daran festhalten.*
> *Der Meister sprach: Hui (Lieblingsschüler des Konfuzius) war als Mensch so, dass er Maß und Mitte wählte; und wenn er ein Gutes erlangt hatte, so hielt er es mit beiden Händen in seinem Busen fest und verlor es nie wieder.*
> *Der Meister sprach: Es kann einer ein Reich ins Gleiche bringen (Gerechtigkeit herstellen), es kann einer auf Amt und Würden verzichten, es kann einer auf bloße Messer treten – und Maß und Mitte doch noch nicht beherrschen.«*[29]

Wir wissen, was uns guttut, und tun es doch nicht. Das ist eines der zentralen Probleme auf dem Weg zu weiser Lebensführung, beim Bemühen um ein gutes, gelingendes, glückliches Leben. Es ist sehr schwer, sich dahin zu erziehen, stets seiner besseren Einsicht zu folgen und alle inneren Widerstände zu überwinden; allen äußeren Verlockungen, die uns von dem rechten Weg abbringen wollen, zu widerstehen; Eintrübungen unserer richtigen Erkenntnis zu verhindern; klar, aufrichtig, stimmig und bei uns selbst zu bleiben.

SELBSTBEHERRSCHUNG

Der Transmissionsriemen des guten Lebens

Ich komme vom Himmel, um deinem leidenschaftlichen Drang ein Ende zu machen.

Mit diesen Worten richtet sich die Göttin der Weisheit, Pallas Athene, in **Homers** Ilias an den Helden Achill. Der wegen einer ihm zugefügten Schmach zornige Achill will gerade zum Schwert greifen, um auf König Agamemnon, den Heerführer aller Griechen im Trojanischen Krieg, loszugehen. Da erscheint die Göttin, um ihn von einer im Affekt begangenen Tat zurückzuhalten: »*Ich komme vom Himmel, um deinen ménos* (ménos, d.h. dem leidenschaftlichen Drang, der erregten inneren Bewegung) *ein Ende zu machen, wenn du mir (der Weisheit) folgst … Hör auf mit dem Streit und zücke das Schwert nicht!*«[30] Schon in der Antike hat man dies als Mahnung zur Besonnenheit aufgefasst.[31] Besonnenheit ist die Fähigkeit zur Mäßigung und Selbstbeherrschung. Sie schützt uns vor uns selbst. Ein paar Zeilen weiter heißt es:

> »*… Denn ich sage dir an, und das wird wahrlich vollendet:*
> *Einst wird dir noch dreimal so herrliche Gabe geboten*
> *Wegen der heutigen Schmach. Drum fasse dich nun und gehorch uns (Göttern).*«[32]

Wer sich selbst beherrschen kann, dem wird ein dreifacher Lohn zuteil. Weisheit ist Voraussicht und kluges Bedenken, Gewichten und Abwägen der Folgen. Darauf antwortet Achill:

> »*Euer Wort, o Göttin* (der Weisheit), *geziemet es wohl zu bewahren,*
> *Welche Wut auch im Herzen sich hebt; denn solches ist besser.*«[33]

Wer sich selbst bezwingt, ist unbezwingbar.

Das Zitat stammt von dem chinesischen Philosophen **Laotse** und lautet im Zusammenhang:

> »*Wer andre kennt, ist klug;*
> *Wer sich selbst kennt, weise;*
> *Wer andre bezwingt, ist stark;*
> *Wer sich selbst bezwingt, unbezwingbar; …*«[34]

Selbstbeherrschung führt nach Laotse dazu, dass der Mensch unangreifbar und unverletzlich wird. Man kann ihn ausbeuten, einsperren, seinen Körper schinden – aber er bleibt er selbst, integer, authentisch. Man kann ihn nicht aus seiner seelisch-geistigen Mitte vertreiben, in der er tief verwurzelt, lebendig und unangetastet bleibt. Er wahrt seine Identität. Sein Selbst bleibt unverletzt. Diese innere Stabilität, Immunität, Stärke und Unerschütterlichkeit – wir würden heute sagen: ein hohes Maß an Resilienz – gehörten zu den höchsten Zielen, die das antike Weisheitsdenken im alten China, in Indien, Griechenland und Ägypten kannte. Es ist die Schutzwehr der Weisheit gegen die Angriffe des Schicksals, die »innere Burg«, in der unbeeinträchtigt vom äußeren Geschehen der Friede der Seele, innere Ausgeglichenheit und heitere Gelassenheit herrschen. Aus dieser inneren Ruhe heraus erwachsen Kraft und Selbstvertrauen sowie die Fähigkeit, Glück und Freude zu erleben und das unausweichliche Leiden an der Welt zu ertragen.

Selbstbeherrschung und Ausdauer sind die höchsten aller Güter.

So der Grieche **Krates**, der, bevor er Philosoph wurde, sein gesamtes Vermögen verschenkte. Das Zitat lautet im Zusammenhang:

> *»Strebt nicht nur nach den höchsten aller Güter – Selbstbeherrschung und Ausdauer –, sondern auch nach dem, was sie hervorbringt, die harte Arbeit, und geht ihr nicht aus dem Weg, weil sie beschwerlich ist.«*[35]

Weise zu leben ist eigentlich nicht schwierig. Es sind keine philosophischen Höhenflüge, sondern einfache Dinge, weshalb Weisheit nicht selten auch unter unbelesenen Menschen zu finden ist. Weisheiten anzuwenden braucht weder viel Zeit noch größere Mittel. In anderer Hinsicht aber ist eine weise Lebensführung sehr schwierig: Die dafür notwendige Selbstbeherrschung, Ausdauer und Übung, die eine philosophische Erkenntnis in eine Lebenshaltung und feste Gewohnheit verwandeln, bringen nur wenige auf. Sich zu verändern und weiterzuentwickeln, bedeutet eine Transformation der Persönlichkeit, bei der ein beharrliches Einüben neuer Denk-, Wollens- und Verhaltensgewohnheiten unerlässlich ist. Wir haben es nicht gelernt, solche inneren Wandlungsprozesse systematisch und konsequent zu praktizieren. Niemand und nirgends wird gelehrt, wie man gut lebt. Aber wir können es lernen.

Nachlässigen und verkehrten Gewohnheiten erlaubt der Weise nicht, von seinem Leib Besitz zu ergreifen.

So heißt es in dem chinesischen »**Buch der Riten, Sitten und Gebräuche**«:

> *»Darum wendet der Weise sich zurück zu den ursprünglichen Gefühlen, um seinen Willen zu harmonisieren … Nachlässigen und verkehrten Gewohnheiten erlaubt er nicht, von seinem Leib Besitz zu ergreifen. Er macht, dass Ohr und Auge, Nase und Mund, Sinn und Erkennen und alle Glieder sich dem Rechten fügen, um seine Pflicht zu tun.«*[36]

Wie der Yoga in Indien, so haben auch die alten Chinesen der Beherrschung der körperlich-seelischen Funktionen und der Einübung von wohltuenden und die Lebensfreude fördernden Gewohnheiten die höchste Priorität eingeräumt. Sie sind der Transmissionsriemen von der Einsicht zum praktischen Leben. Als »Pflicht« ist hier in erster Linie die Pflicht gegen sich selbst gemeint. Richtig verstanden, schließen die Selbstsorge und die Entwicklung der eigenen Persönlichkeit die Fürsorge für andere mit ein. Jede Selbstkultivierung aber setzt einen gewissen Grad an Beherrschung der durch die Sinne wachgerufenen Begierden sowie des Körpers voraus. Wenn wir sie nicht beherrschen, beherrschen sie uns. Da die menschlichen Begierden jedoch keinen Verstand haben und unsere Instinkte verkümmert sind, werden die Folgen nicht bedacht. Diese können jedoch sehr unangenehm sein.

Die Selbstbeherrschung führt zu Glück und innerer Ruhe.

Das ist der Sinn folgender Stelle aus den altindischen **Upanishaden**:

> *»Durch die Bezähmung bezähmt, schüttelt man ab die Fehler …*
> *die Bezähmung der Wesen ist schwer zu überwältigen, in der Bezähmung beruht das All. …*
> *Durch Ruhe ruhig, wandelt man glückselig,*
> *Durch Ruhe fanden Munis (vollkommene Weise) auf den Himmel (den Weg in den Himmel),*
> *die Ruhe der Wesen ist schwer zu überwältigen, in der Ruhe ruht das All.«*[37]

Die ersten beiden Zeilen gipfeln in der Behauptung, dass das gesamte kosmische Geschehen auf Bezähmung (Selbstbeherrschung) beruht. Damit dürften die Gesetze der Natur und des Kosmos gemeint sein. Was sich selbst Gesetze gibt, herrscht über sich. Kant sah in dieser Herrschaft über sich selbst, in der Fähigkeit, sich selbst Gesetze geben zu können, die höchste Form der Freiheit des Menschen, nicht der Freiheit »von« etwas, aber der Freiheit »zu« etwas, nämlich etwas zu tun.

Mit »durch Ruhe ruhig« fängt zwar ein neuer Abschnitt an. Die Nähe beider Gedanken dürfte gleichwohl kein Zufall sein. Wer sich selbst beherrscht, wer sich »im Griff hat«, wird ruhiger, das innere Chaos wird geregelt und gestaltet, harmonisiert und befriedet.

Zwiespalt, Unruhe und Zerrissenheit im Innern enden.

Über sich selbst unbedingte Gewalt zu haben, führt zum Seelenfrieden und zur schrankenlosen Freiheit.

Der römische Philosoph **Seneca** stimmt hier überein mit alten indischen und chinesischen Weisheitslehren, wonach die Selbstbeherrschung zu Seelenruhe, Gelassenheit, zu innerer Unabhängigkeit und Freiheit führt. Das Zitat stammt aus einem Brief Senecas an seinen Freund Lucilius und lautet im Zusammenhang:

> *»Arbeiten wir uns aus diesem Schlamme (›Geschäftslast‹ und ›zäh anhaftende Fehler‹) heraus zu jener erhabenen Höhe, so harret unser da der Seelenfriede und nach Verbannung alles Irrwahns eine schrankenlose Freiheit. Und worin besteht diese? So fragst du. Weder vor Menschen noch vor Göttern Furcht zu haben; seine Wünsche weder auf Schändliches noch auf Übermäßiges zu richten, über sich selbst unbedingte Gewalt zu haben. Es ist ein unschätzbares Gut, sein Eigen zu werden.«*[38]

Der letzte Satz verdichtet noch einmal das Gesagte: Nur Selbstbeherrschung garantiert Selbstaneignung, Selbstverwirklichung, Identität und Authentizität. Wenn wir die Selbstbeherrschung dafür einsetzen, unseren wichtigsten Werten, Bedürfnissen und Lebensanschauungen in unserem Alltag Geltung zu verschaffen, kommen wir in unsere Mitte. Wir werden wir selbst, finden innere Ruhe und Ausgeglichenheit. Das ist der Nährboden für jede Form von Glück.

In der selbstbeherrschten Seele zeigt sich die Harmonie von Vernunft und Gefühl.

Das dürfte der Sinn folgender Stelle bei dem griechischen Gelehrten und Philosophen **Plutarch** sein:

> *»An der zuchtvollen (selbstbeherrschten) Seele aber zeigt sich allenthalben das Gleichmäßige, Entkrampfte und Gesunde, womit das Irrationale in seinem Verhältnis zum Rationalen eine harmonische Mischung eingegangen ist. Blickt man auf das Ergebnis: die wunderbare Ordnung, die der freie, leichte, sanfte Gehorsam des Irrationalen verschönt, so möchte man zitieren:*
> *›Seht, wie der Sturm sich gelegt und Ruhe nun über dem Meere Windstill waltet: – es wiegt ein Gott die Wogen in Schlummer.‹ (Homer, Odyssee 12, 168f.)*
> *Die heftigen, rasenden, wütigen unter den Begierden hat die Vernunft zum Erlöschen gebracht; aus den für die Menschennatur unentbehrlichen aber hat sie Gemütsbewegungen gemacht, die mit ihr übereinstimmen, ihr treu und gern und tatkräftig helfen bei ihren praktischen Vorsätzen, sodass nichts Irrationales mehr dem rationalen Denken vorschnell entläuft, …«*[39]

Die Stelle zeigt, dass die Griechen keineswegs einseitige Rationalisten waren, sondern Wert legten auf ein harmonisches Zusammenwirken aller Seelenteile, einschließlich der Emotionen und Empfindungen. Was sie dagegen stets scheuten, waren Einseitigkeiten und Maßlosigkeiten, dass der Mensch von seinen Begierden, Wünschen, Sehnsüchten tyrannisiert wird und unter ihnen leidet.

GLÜCK

Die Frucht weiser Lebensführung

Wenn mein Herz mit mir einig ist und die Seele auf mich hört, so werde ich glücklich sein.

Das ist der Sinn eines alten **ägyptischen Papyros**, der den »Streit eines Lebensmüden mit seiner Seele« wiedergibt und vielleicht um 2000 v. Chr. entstanden ist. Die Stelle lautet im Zusammenhang:

> *»Da öffnete ich meinen Mund zu meiner Seele, damit ich ihr Antwort gebe auf das, was sie gesagt hatte. Das ist zu viel für mich, dass meine Seele mit mir nicht übereinstimmt. Das geht ja über jedes Maß hinaus! Es heißt mich im Stich lassen. Meine Seele soll nicht fortgehen, sie soll mir beistehen … Wenn meine Seele auf mich, den Sündelosen, hört, und wenn mein Herz mit mir einig ist, so wird sie selig sein.«*[40]

Das »*Herz*« war im alten Ägypten sowohl Sitz der Gefühle als auch des Verstandes. Man hatte offenbar schon eine Vorstellung davon, dass es neben der rationalen auch eine emotionale Intelligenz gibt. Was sich genau hinter dem Ausspruch verbirgt, dürfte nicht mehr aufzuklären sein. Anscheinend will der Autor sagen, dass das Glück *(»selig«)* von der Authentizität und Wahrhaftigkeit der Person abhängt, d. h. von der Übereinstimmung seines Denkens, Wollens, Handelns und Fühlens, von der »Kohärenz« und Stimmigkeit der gesamten Lebensführung.

Weisheit ist Glück.

In einem platonischen Dialog sagt **Sokrates**:

> »… *die Weisheit ist Glück, denn sie lehrt uns in jeder Lage das Richtige zu treffen.*«[41]

Weisheit ist nach Sokrates das Wissen von dem, was uns dauerhaft guttut, und zwar ein Wissen, das so stark in unserem Innern verankert ist, dass wir auch danach handeln. Handeln wir gegen unsere Überzeugung, weil Begierde, Trieb, Prägung oder Unbewusstes stärker sind und die Oberhand behalten, was leider häufig geschieht, so haben wir nach Sokrates noch gar kein Wissen. Sein Begriff von ethischem Wissen meint ein solches Durchdrungen-Sein von der Einsicht in das, was richtig und falsch ist, dass wir gar nicht anders handeln können, als dem Richtigen zu folgen. Nach Ansicht des Übersetzers dieser Stelle erweist sich Sokrates hier als »*der erste große Vertreter des Eudämonismus, welcher das höchste Ziel des Menschen in der Glückseligkeit sieht, und von da an in der antiken Ethik mit wenigen Ausnahmen die herrschende Anschauung blieb*«.[42] Dasselbe Ziel verfolgen auch die fernöstlichen Weisheitslehren.

Stets Vorsicht üben ist die Wurzel jeden Glückes.

In den »*Schulgesprächen*« des **Konfuzius** lesen wir:

> »*Als Konfuzius die Hauptstadt von Dschou besah, da ging er in den Tempel des Ahnherrn Hou Dsi. Vor den rechten Stufen der Tempelhalle stand ein goldener Mann, der hatte mit drei Nadeln den Mund verschlossen. Auf seiner Rückseite fand sich eine Inschrift und in dieser folgende Worte:*
>
> *›… Stets Vorsicht üben können*
> *Ist die Wurzel jeden Glückes. …‹*«[43]

Ohne »Vorsicht«, also ohne Besonnenheit, Behutsamkeit und Achtsamkeit, kann es kein dauerhaftes Glück geben. Wir müssen auf uns, unser Denken, Reden, Handeln, Wollen und Werten achtgeben, stets die Folgen im Blick haben und uns fragen, was zu einem dauerhaften Wohlbefinden führt. Vorsicht in diesem Sinne ist Sorgfalt im Umgang mit sich, den anderen und der Welt. Als verinnerlichte Denk- und Verhaltensweise ist eine solche Sorgfalt der Nährboden, aus dem die Blumen des Glücks erwachsen.

Dass wir sterblich sind, ist unser Glück.

Dieser Auffassung scheint **Platon** gewesen zu sein. In einem berühmten Brief schreibt er:

> *»Denn uns Menschen hat die Natur die irdische Unsterblichkeit versagt, und auch wenn sie einem verliehen würde, würde ihn das nicht glücklich machen, wie die Masse wähnt, denn für das Unbeseelte gibt es kein Übel oder Gut, das der Rede wert wäre.«*[44]

Die Auffassung, dass unser Glück vor allem etwas mit unserer Sterblichkeit und der Vergänglichkeit zu tun hat, war in der Antike weit verbreitet. Im praktischen Leben kann diese Einsicht helfen, besser mit Schmerz, Trauer und Verlust umzugehen, denn wir verstehen, dass diese Aspekte des Lebens notwendig mit Glück und Freude verbunden sind. Wir können das eine nicht ohne das andere haben. Sie sind wie mit einem Strick zusammengeknotet, bemerkte Sokrates einmal. Das Verstehen dieser Lebenstatsache macht uns duldsamer und stärker, unvermeidbares Leiden zu ertragen. Wir lernen damit umzugehen, die emotionale Erschütterung, die von solchem Leiden ausgeht, abzufedern und in unserer Mitte zu bleiben.

Glück entspringt der inneren Haltung und kommt nicht von außen.

So **Platon**:

> *»Die Erfahrung lehrt doch täglich, dass Geld und Macht nicht immer glücklich machen, ja unter Umständen Schaden bringen, und dass sie ihren Wert erst durch den Gebrauch erhalten, den der Mensch von ihnen macht. Nicht auf die Außendinge kann es also ankommen, sondern nur auf die innere Haltung, die man ihnen gegenüber einnimmt. Von ihr hängt es ab, ob der Mensch ein gutes Leben führen kann und die Glückseligkeit erreicht, die sein Ziel ist. Denn sie beruht auf dem dauernden Wohlgefühl, das aus der inneren Harmonie und der ungestörten Zufriedenheit entspringt.«*[45]

Für das praktische Leben bedeutet dies, dass Glück nicht in äußerem Erfolg oder Wohlstand besteht, sondern Ergebnis unserer inneren Haltungen ist, die wir einnehmen. Haben wir die richtigen Werte gewählt und halten konsequent daran fest, indem wir unser inneres und äußeres Leben danach ausrichten, so haben wir unseren Seelengarten gut bestellt. Aus innerer Harmonie und Ausgeglichenheit erwächst das Gefühl von Glück und Zufriedenheit.

Im Glück sei mäßig, im Unglück besonnen.

Der Ausspruch stammt von dem Griechen **Pittakos**, einem der Sieben Weisen. Vorher heißt es zur Begründung: *»Die Lüste sind vergänglich, die Tugenden (Weisheit) unvergänglich.«*[46]

Der Gedanke, sich im Glück zu mäßigen und nicht in ungezügelten Jubel zu verfallen, war im alten Griechenland weit verbreitet und findet sich dort in den Texten zahlreicher Dichter und Denker. Ihm lag die Erkenntnis zugrunde, dass äußeres Glück und Lustgefühle vergänglich sind. Der unvermeidbare Wechsel ins Gegenteil führt aber zu einer umso heftigeren inneren Erschütterung, je maßloser und unbesonnener wir uns von dem augenblicklichen Glücksgefühl hinreißen lassen. Umgekehrt ertragen wir unausweichliches Leid leichter, wenn wir das Glück zwar genießen, dabei aber nicht vergessen, dass das Umschlagen in eine andere Stimmung schon vor der Tür steht. Da mag das Leid häufig gar nicht mehr eintreten wollen. Es meidet den, der vorbereitet und gewappnet ist. Das Ergebnis einer solchen Haltung ist innere Ausgeglichenheit. Von Sokrates hieß es, er blieb sich immer gleich, im Glück wie im Unglück. Er wahrte seine Mitte und ruhte in sich. Er blieb gelassen und heiter. Er zeigte ein Höchstmaß an Resilienz, würden wir heute sagen.

Keine Tür gibt es für Glück und Unglück, der Mensch ruft sie selber herein.[47]

Der Ausspruch stammt aus einem chinesischen Text unbekannten Ursprungs aus dem 4./3. Jh. v. Chr., dem sog. **Dso Dschuan**. Der Gedanke, der hier zum Ausdruck kommt, entsprach der weitverbreiteten Auffassung der Weisen der Antike in West und Ost. Zwar gibt es ein »Glück«, das uns von außen zufällt (»ich habe Glück/Pech gehabt«). Das Glück als dauerhafter Gefühlszustand, als Befindlichkeit oder Grundstimmung der Seele, als gute Seelenverfassung (»ich bin glücklich«) hat mit solchem Glück, wenn überhaupt, sehr wenig zu tun. Eine nachhaltige innere Zufriedenheit ist das Ergebnis eines gelingenden Umgangs mit uns selbst, der Ordnung unseres Seelenhaushalts, der Reinigung von leidvollen, belastenden Affekten, dem Abbau selbst schädigender Denk-, Wollens- und Verhaltensgewohnheiten. Seelisches Wohlbefinden hat viel mit unseren Haltungen und unserer Lebensführung zu tun. Solches Glück aber verschaffen wir uns selbst (»*der Mensch selber ruft es herein*«).

MUSIK

Das Glück in Tönen

Musik und Lieder sind die harmonischen Elemente der Menschlichkeit.

In der Übersetzung dieses Zitats aus dem »**Buch der Riten, Sitten und Gebräuche**« (Liji, Li Gi) heißt es »*Güte*« statt »*Menschlichkeit*«. Das chinesische Zeichen »*Jen*«, das hier steht, wird aber auch häufig mit »*Menschlichkeit*« (»*gegenseitiges Verstehen*«) übersetzt. Es war der höchste Wert in der Philosophie des Konfuzius, der den Text des altüberlieferten Liji redigiert haben soll. Das Zitat lautet vollständig:

»*Milde ist die Wurzel der Güte, Sorgfalt (Achtsamkeit) ist der Ackerboden der Güte, Verträglichkeit (friedliches Miteinander) ist die Betätigung der Güte, Bescheidenheit ist die Fähigkeit der Güte, Höflichkeit ist die Äußerung der Güte, gute Reden sind die Form der Güte, Musik und Lieder sind die Harmonie der Güte, Austeilen und Spenden ist das Wirken der Güte. Der Weise vereinigt alles das in sich, und doch wagt er es nicht, dabei von Güte zu reden. So ist seine Bescheidenheit.*«[48]

Musik und musikalische Gesetze geben den Rhythmus und Takt im gelingenden Miteinander an, bestimmen Form und Ausdruck der Mitmenschlichkeit, stehen für Sensibilität, Feinfühligkeit, Harmonie und Achtsamkeit im Umgang mit anderen Menschen. Wir hören dem anderen zu und werden von ihm gehört. Wir gehen aufeinander ein und finden Stimmigkeit im gegenseitigen Verstehen und Handeln.

Die Lieder erheben den Menschen.
Die Musik macht ihn vollkommen.

Der Ausspruch stammt von **Konfuzius** und lautet im Zusammenhang:

»Die Lieder erheben den Menschen.
Die Riten geben ihm Halt.
Die Musik macht ihn vollkommen.«[49]

Mit »*erheben*« dürfte gemeint sein, dass die Lieder unser Bewusstsein aus dem Verhaftet-Sein im gewöhnlichen Alltag auf eine höhere Ebene versetzen. Dadurch gewinnen wir Abstand von unseren großen und kleinen Lebenssorgen und -plänen. Der Abstand wirkt befreiend und wohltuend. Er erlaubt uns einen Blick auf uns selbst. Mit »*Riten*« sind die (guten) Gewohnheiten gemeint, die uns in unseren Haltungen festigen, Orientierung geben und Körper und Geist stärken. »*Musik*« dürfte hier auch in einem übertragenen Sinne als Ausgeglichenheit der seelischen Kräfte und innere Harmonie zu verstehen sein. Jedenfalls ist das eine wichtige Wirkung der Musik auf unseren Gemütszustand, auf Charakter und Persönlichkeit. Konfuzius ging wie Pythagoras, Platon und Aristoteles von einem prägenden Einfluss der Musik auf unsere seelische Verfassung und unser Wohlbefinden aus. Harmonie als kosmisches Prinzip und Erhaltungsgesetz alles Lebendigen durchdringt auch unsere körperlichen, seelischen und geistigen Funktionen.

Singend erschuf Gott die Welt. Das Singen bereitete ihm Freude.

Im alten Indien kamen der Musik und Harmonie eine besondere Bedeutung zu. Sie spielten bereits in den Schöpfungsmythen eine Rolle. Singend erschuf Brahma, Schöpfergott und personifiziertes Prinzip allen Seins (das Brahman), die Welt:

> *»Er wandelte lobsingend; da er lobsang, entstand das Wasser; er sprach: ›Da ich lobsang, ward mir Freude.‹«*[50]

Die Stelle findet sich in den **Upanishaden,** der bedeutendsten Sammlung philosophischer Gedanken der Inder aus vorchristlichen Zeiten. Mit diesem Mythos erklärten sich die alten Inder offenbar den Umstand, dass alles Leben voller harmonischer Strukturgesetze, rhythmischer Zyklen und periodischer Wiederkehr ist.

Musik heilt Krankheiten.

Das war die Auffassung der griechischen Antike seit dem Wirken des legendenumwobenen Pythagoras, der im 6. Jahrhundert v. Chr. in Unteritalien eine bedeutende und einflussreiche philosophische Schule und Lebensgemeinschaft begründete. Von ihm wird behauptet, dass er mit Musik bei sich und anderen körperliche und seelische Krankheiten geheilt habe. In diese Tradition gehört der folgende Ausspruch von **Theophrastos**, dem Nachfolger des Aristoteles in der Leitung seiner philosophischen Schule in Athen:

> »*Die Musik heilt viele seelische und körperliche Leiden wie Ohnmacht, Angst und lang anhaltende Aufregungen. Das Flötenspiel heilt Ischias und Epilepsie.*«[51]

Der Ausdruck »*lang anhaltende Aufregungen*« scheint ein Indiz dafür zu sein, dass Stress schon im Altertum bekannt war. Es gibt weitere Belege dafür, wie etwa eine Empfehlung Senecas, viel beschäftigte Menschen sollten nach 18 Uhr keine Briefe mehr öffnen.

Dann ging er in sein Zimmer und spielte die Zither, um seine Gefühle zu lösen.[52]

Der zitierte Satz findet sich in den »Schulgesprächen«, die Reden und Taten des **Konfuzius** überliefern und von seinen Schülern zusammengestellt wurden. Konfuzius war ein begeisterter Musiker, beherrschte zwei Saiteninstrumente und konnte über 300 Lieder auswendig spielen und singen. Er musizierte regelmäßig und wusste, dass diese Übung innere Spannungen löst und nachhaltigen Einfluss auf die harmonische Formung und Bildung des Charakters hat. Volker Zotz, ein Kenner der fernöstlichen Philosophie, schreibt über die Beziehung des Konfuzius zur Musik: Ihm *»war wichtig, dass seine Schüler selbst ein Instrument spielen. … Es gehört zum Wesen eines ›ganzen‹ Menschen, dass er singt und ein Instrument spielt. … Die Musik ist, indem sie harmonisiert, die große Lehrmeisterin im Hinblick auf das Leben des Einzelnen wie für seine soziale Interaktion. … Letztlich geht es um etwas, das der Meister ›Musik ohne Töne‹ genannt haben soll. Der Mensch, der sich harmonischen Klängen hingibt, wird selbst zur vollendeten Komposition. Er fließt im Einklang mit dem rechten Lauf der Dinge (dao) dahin.«*[53]

Die Stelle bei Konfuzius, auf die Zotz hinweist, lautet: *»Es gibt eine Musik ohne Töne; das ist die Freude.«*[54]

Darum bewirkt die Musik die Einheit und festigt so die Harmonie.

Das Zitat stammt aus dem »**Buch der Riten, Sitten und Gebräuche**« (Liji, Li Gi), einem der bedeutendsten Werke der alten Chinesen. Dort heißt es weiter:

> *»Sie bringt die Wesen zusammen, um den Rhythmus schön zu machen. … Darum ist die Musik das Gesetz von Himmel und Erde, die Ordnung der zentralen Harmonie und das, was die Gefühle der Menschen nicht entbehren können.«*[55]

Musik ordnet das Chaos und die Vielheit in der einzelnen Seele wie im Zusammenleben der Menschen. Sie steht für Ordnung, Proportion, Eintracht und Harmonie, Wohlklang und Seelenfrieden. Ohne sie können weder der Einzelne noch menschliche Gemeinschaften existieren. Die in Musik, Takt und Rhythmus zum Ausdruck kommende Bewegung von der Vieltönigkeit zum Zusammenklang, zur Stimmigkeit und Harmonie, das Oszillieren in Spannungsverhältnissen und Gegenbewegungen, die sich immer wieder vereinigen und auseinanderstreben, ist das Gesetz allen Lebens. Leben ist Musik.

Die Musik ist die große Gleichstimmerin der Welt, der Leitfaden zu Maß und Harmonie.

Das Zitat stammt von dem bedeutenden Konfuzianer **Xunzi**. Dort heißt es weiter:

> »... *und darum auch ist sie unumgänglich für das Gefühlsleben der Menschen.*«[56]

Hier deutet sich an, was die Musik mit Weisheit zu tun hat. Der weise Mensch achtet in seinem Leben besonders auf Maß und Mitte, auf Ausgewogenheit in seinem Denken, Handeln, Sprechen und Wollen wie in seinem ganzen Seelenleben. Die Musik dient ihm dabei als Leitfaden. Wenn wir ein seelisches Problem haben, so deshalb, weil in uns oder in unserem Handeln etwas ins Ungleichgewicht gekommen ist; der Einklang mit uns selbst ist gestört, wir haben unsere innere Stimmigkeit verloren, irgendwo hat sich ein Riss, ein Zwiespalt, ein Konflikt aufgetan und verursacht uns seelisches Leid: »Missstimmung«.

SELBSTSORGE

Die Pflege der Seele

Wer nicht sein Inneres pflegt, sondern sein Äußeres, macht der es nicht verkehrt?[57]

Einfacher als **Konfuzius** kann man kaum ausdrücken, worauf es im Leben ankommt: dass es bei der Selbstsorge darum geht, das Innere zu pflegen, mithin in unserem Seelenleben für Ordnung zu sorgen. Wir sollen das Innere stets wichtiger nehmen als das Äußere. Diese Achtsamkeit, Sorgfalt und Pflege sich selbst gegenüber war das Hauptanliegen aller antiken Weisheitslehren. Damit war kein selbstsüchtiger Egoismus gemeint. Der innere Friede ist die beste Voraussetzung für gelingende Beziehungen zu anderen Menschen. Wie aber sieht es heute mit dieser Pflege aus? Jeder weiß, wie er sein Äußeres zu fördern, zu hüten, zu vermehren und zu verschönern hat. Viel Zeit verwenden wir darauf, unser äußeres Leben und unseren gesellschaftlichen Status zu sichern, unseren Besitz zu vergrößern und unsere berufliche Karriere voranzutreiben. Wie viel Zeit aber verwenden wir darauf, uns selbst besser kennenzulernen, unsere inneren Werte zu stärken, wohltuende Haltungen anzunehmen, seelische Konflikte zu bereinigen und für innere Ausgeglichenheit zu sorgen? Ich fürchte, die Bilanz ist sehr einseitig. Ist das nicht schade?

Hättest du dich ernstlich bemüht, dich selbst zu erziehen, wäre dir Weisheit geschenkt worden.[58]

Der griechische Philosoph **Diogenes** von Sinope, der zeitweise in einer Tonne oder einem alten Weinfass lebte, sagte diese Worte zu einem Menschen, der betete und Gott anflehte, ihm Weisheit zu schenken. Kontinuierlich sich selbst zu entwickeln und zu erziehen, seinen Körper ebenso wie die eigene Seele, den Charakter, die Persönlichkeit – das war eine der Hauptforderungen der alten Griechen für eine gelingende Lebensführung. Das Ziel einer solchen Selbstkultivierung, die von vernünftigen Einsichten und philosophischem Nachdenken geleitet wird, war es, ein körperlich und seelisch gesunder Mensch zu werden. Das hatte Diogenes im Sinn, wenn er von einem »weisen Menschen« sprach. Die Besonnenheit (griechisch Sophrosyne), das Maßhalten, eine der Haupttugenden der Griechen, bedeutete vom Wortursprung her »*Gesund-Denken*«. In allem aber, so auch bei der Selbsterziehung, war ihnen das richtige Maß das Wichtigste. Deshalb erlagen sie keinem Zwang zu falsch verstandener, übertriebener Selbstoptimierung. Andererseits gibt es kein Weiterkommen für denjenigen, der nicht an sich arbeitet.

Wohin, ihr Menschen? Ihr kümmert euch nur um Geld, aber vernachlässigt euch selbst.

Der griechische Philosoph **Antisthenes**, ein Schüler des Sokrates, berichtet über seinen Lehrer:

> *»Sooft Sokrates mehrere Menschen am selben Ort versammelt sah, fuhr er sie unwillig, vorwurfsvoll an, mutig und ohne ein Blatt vor den Mund zu nehmen: ›Wohin, ihr Menschen? Ist euch nicht bewusst, dass ihr anders handelt, als ihr müsstet? Ihr kümmert euch [nur] ums Geld, und euch ist jedes Mittel recht, zu Geld zu kommen, damit ihr es in Hülle und Fülle besitzt und euren Kindern noch mehr hinterlasst! Aber eure Kinder und vor allem euch selber, die Väter, habt ihr vernachlässigt, alle, ohne Ausnahme. Denn ihr habt nicht die Erziehung, die Ausbildung gefunden, die ein Mensch benötigt, die nützlich ist und ihn befähigt, mit dem Geld zweckmäßig und rechtmäßig umzugehen …‹«*[59]

Hat sich daran heute etwas geändert? Die »Ausbildung«, von der Antisthenes spricht, ist die Selbstsorge, die Bildung und Formung des eigenen Charakters nach weisen Maßstäben, die Erkenntnis und Verinnerlichung von Lebenswerten, die uns und unseren Mitmenschen nachhaltig guttun, das Einüben von gesunden Denk- und Verhaltensweisen, bis aus ihnen feste innere Haltungen werden, die unsere Persönlichkeit ausmachen und uns Kraft, Orientierung und Widerstandsfähigkeit geben.

Die Entwicklung der eigenen Persönlichkeit ist das Wichtigste. Am Äußeren soll man weder hängen noch es ablehnen.

Das ist der Sinn folgender Stelle bei dem bedeutenden chinesischen Weisen **Zhuangzi**, der auch hier wieder durch Einfachheit und Wahrheit besticht:

> *»Sich selbst recht machen ist alles. Höchste Freude ist es, dieses Ziel zu erreichen … Was von außen her der Zufall bringt, ist nur vorübergehend. Das Vorübergehende soll man nicht abweisen, wenn es kommt, und nicht festhalten, wenn es geht. … Dann ist unsere Freude dieselbe im Glück und Unglück, und man ist frei von allen Sorgen. Heutzutage aber verlieren die Leute ihre Freude, wenn das Vorübergehende sie verlässt. Von diesem Gesichtspunkt aus sind sie auch mitten in ihrer Freude immer in Unruhe …«*[60]

Zhuangzi unterscheidet zwischen dem äußeren Leben und der Selbstsorge. Nur Letzteres liegt vollständig in unserer Hand. Hier sind wir allein verantwortlich. Unser äußeres Leben aber hängt von vielen Umständen ab, die wir nicht beherrschen. Hier sollten wir nichts erzwingen wollen, sondern lernen, flexibel und anpassungsfähig mit dem umzugehen, was das Schicksal (»Zufall«) uns anbietet, zuweist oder auch ungewollt über uns verhängt. Das bedeutet nicht, dass wir dort, wo wir Einfluss haben, diesen nicht auch ausüben sollen, denn das ist Teil unserer inneren Bestimmung und Entfaltung unserer lebendigen Persönlichkeit. Wo wir können, sollen wir wirken. Die Selbstsorge steuert über die inneren Werte auch unser äußeres Verhalten.

Für andere arbeiten wir viel, für uns selbst wenig.

Das ist der Sinn folgender Mahnung Senecas an die »Geschäftsleute«:

> *»Alle Geschäftsleute sind in einer beklagenswerten Lage; am beklagenswertesten aber ist die Lage derjenigen, die sich nicht einmal mit Geschäften für sich selbst abarbeiten …«*[61]

Mit »*Geschäften für sich selbst abarbeiten*« ist die seelisch-mentale Selbstsorge gemeint. Es ist eine der Absurditäten unserer Lebenswelt: Der technische Fortschritt sollte dazu dienen, uns das Leben zu erleichtern und bequemer zu gestalten, uns Zeit und Mühen bei der notwendigen Lebensbewältigung zu ersparen, damit wir mehr Zeit für uns haben und mehr das Leben und unser Miteinander genießen können. Das ist der Sinn der Selbstsorge. Bei vielen Menschen scheint die technische, hoch industrialisierte und vernetzte Lebenswelt das Gegenteil bewirkt zu haben: Wir arbeiten zu viel, finden wenig Zeit für uns selbst und die Menschen, die uns wichtig sind, und verpassen es, uns an all den Geschenken zu erfreuen, die das Leben für uns jeden Tag aufs Neue bereithält, am Wegesrand, unbeworben, häufig unbeachtet, kostenlos.

Des Weisen Tun ist seine Brust, nicht Augenlust.

Das Zitat stammt aus dem Daodejing (Tao-Te-King) des **Laotse**, der hier offenbar eine noch ältere Quelle zitiert. Im Zusammenhang heißt es:

> *»Die fünf Farben machen des Menschen Aug' blind,*
> *Die fünf Töne machen des Menschen Ohr taub,*
> *Die fünf Geschmäcker machen des Menschen Mund stumpf,*
> *Pferderennen und Feldjagd machen des Menschen Herz dumpf,*
> *Schätze, schwer erreichbar, machen des Menschen Wandel krumm (wirr).*
> *Deshalb: ›Des Weisen Tun ist seine Brust, nicht Augenlust.‹*
> *Darum lässt er jenes und ergreift dieses.«*[62]

Der Weise kümmert sich sehr wenig um Äußerliches und verliert sich nicht in bloßer Sinnenlust, sondern pflegt sein Inneres (*»Brust«*). Die Formulierung *»lässt er jenes«* bezieht sich auf die ersten fünf Zeilen, die die sinnlichen Reize betreffen; *»ergreift dieses«* auf die sechste Zeile, die Selbstsorge. Der Weise lässt sich durch seine sinnlichen Wahrnehmungen, die häufig die Begierden erst erzeugen und anstacheln, nicht davon abbringen, sein Seelenleben zu pflegen, die inneren Werte und Haltungen zu stärken und seinen Charakter in eine gute Verfassung zu bringen und zu halten, etwa in einen andauernden Zustand heiterer Gelassenheit.

Hütet, was in euch ist!

Der Ausspruch stammt von **Zhuangzi** und lautet im Zusammenhang:

> *»Hütet, was in euch ist!*
> *Nach außen verschließt fest Herz und Mund.*
> *Wenn ihr zu viel wisst,*
> *geht ihr zugrund.«*[63]

Zhuangzi sprach sich wiederholt und vehement dafür aus, dass wir uns bemühen sollten, uns selbst und unsere innere Natur zu wahren und uns in den natürlichen Gang der Dinge, in die Rhythmen und Gesetzmäßigkeiten der uns umgebenden Natur harmonisch einzufügen. Der von außen vermittelten »Bildung« und »Kultur« stand er kritisch gegenüber, weil sie nicht selten zu Verbildungen führen und uns unserem »natürlichen Selbstsein« entfremden. Es sei besser, den Kern der eigenen Persönlichkeit vor den äußeren Einflüssen so weit wie möglich zu verschließen und auf gelehrtes Wissen zu verzichten. Ein Grund für diese ablehnende Haltung gegenüber schädlichen Auswüchsen der Kultur ist in dem zerrütteten gesellschaftlichen Zustand zu sehen, in dem sich China zu der Zeit Zhuangzis befand. Zhuangzis Haltung erinnert an den Mythos vom Sündenfall. Der Mensch wurde aus dem Paradies verbannt, als er vom »Baum der Erkenntnis« aß. Die Früchte vom »Baum des Lebens«, der danebenstand, konnte er durch die Vertreibung aus dem Paradies nicht mehr genießen. Der Mensch hat ein Zuviel an Wissen und ein Zuwenig an Leben (Jan Assmann).

PFLICHT

Was das Innere von uns fordert

Das Werk zu tun sei dein Beruf, nicht kümmre dich's, ob es gelang.

Das Zitat stammt aus der altindischen **Bhagavadgita** und lautet vollständig:

»Das Werk zu tun sei dein Beruf,
Nicht kümmre dich's, ob es gelang,
Begehre nie der Taten Frucht,
Doch fröne nicht dem Müßiggang.

Ergebungsvoll tu jedes Werk
Und frei von irdischer Begier,
Ob gut, ob schlecht der Ausgang sei;
Bewahre stets den Gleichmut dir.«[64]

Glück und Erfüllung wird hier darin gesehen, dass der Mensch seiner inneren Bestimmung folgt und sich nicht davon beirren lässt, ob sich ein äußerer Erfolg einstellt oder nicht. Das Entscheidende ist, dass er sich selbst treu bleibt, auf sein Inneres hört, aufrichtig und authentisch ist und danach handelt. Dann wird er die innere Seelenruhe besitzen, selbst Misserfolge heiter und gelassen hinzunehmen. Er ruht in der Geborgenheit seines Innern und bezieht daraus all sein Glück und seine Freude. Das ist seine unversiegbare Kraftquelle. Sie garantiert, dass er alles in seiner Macht Stehende auf die beste Weise ins Werk setzt, sodass er nur selten Misserfolg bei seinen äußeren Unternehmungen haben wird.

Ich aber tue meine Pflicht; alles andere geht mich nichts an.[65]

Das Zitat stammt von dem Philosophenkaiser **Marc Aurel**. Die Vorstellung, dass der Mensch etwas aus Pflicht und nicht um des Erfolgs willen tun solle, hatte im antiken Rom eine große Bedeutung. Dessen gebildete Kreise waren überwiegend Anhänger der »Stoa«, einer philosophischen Richtung, die ursprünglich von Athen ausging. »Der Pflicht folgen« hieß für sie vor allem, der Vernunft und der eigenen Natur zu folgen oder auch: »einstimmig« zu leben. Die erste Pflicht des Menschen bestand demnach darin, in seinem Reden und Handeln sich selbst und dem treu zu sein, was man als seine innere Bestimmung und als vernünftig und richtig erkannt hat. In dieser inneren Stimmigkeit, in einem »tugendhaften« Leben, in der Verwirklichung der inneren Werte, nicht in dem, was wir im äußeren Leben erreichen und bewirken, sahen sie den Kern eines guten Lebens und die Wurzel des Glücks. Mit Akzentverschiebungen finden wir diesen Gedanken im gesamten antiken Weisheitswissen in West und Ost.

Worin der Weise sein eigentliches Wesen sieht, das ist Liebe und Pflicht und Ordnung und Weisheit.

Das Zitat stammt von dem chinesischen Philosophen **Menzius**, dem bedeutendsten Nachfolger des Konfuzius. Die Stelle lautet im Zusammenhang:

> *»Ein großes Land und viele Untertanen: der Edle (Weise) ließ sich's gefallen, aber seine Freude ist es nicht. Im Mittelpunkt der Welt zu stehen und alles Volk auf Erden zur Ruhe zu bringen: Dem Edlen würde das Freude geben, aber sein eigentliches Wesen ist es nicht. Was der Edle als sein eigentliches Wesen erkennt, dem kann nichts hinzugefügt werden, auch wenn er noch so großen Erfolg hat; dem kann nichts entzogen werden, und wenn er auch in Armut und Misserfolg lebt: denn es ist sein ihm bestimmtes Teil (denn er lebt und folgt seiner inneren Bestimmung). Worin der Edle sein eigentliches Wesen sieht, das ist Liebe und Pflicht und Ordnung und Weisheit. Die wurzeln ihm im Herzen, und die Wirkungen, die sie nach außen hervorbringen, zeigen sich in der milden Heiterkeit seines Gesichts, in der Würde, die man ihm selbst von hinten ansieht, und der ganzen Art seiner Bewegungen. Er braucht seine Bewegungen nicht vorher einzuüben, und doch drücken sie sein Inneres aus.«*[66]

Die Betonung liegt auf der Pflege und Kultivierung der inneren Werte. Von ihnen gehen im äußeren Leben die stärksten Wirkungen aus. Ob der Weise im äußeren Leben Erfolg hat oder nicht, ist für sein Glück, seine heitere Gelassenheit und die Wahrung seines Wesens ohne Bedeutung.

Wer die Weisheit liebt, geht seinen Berufsgeschäften nach, bleibt ihr aber in seiner ganzen Lebensweise stets verbunden.

Das ist der Sinn folgender Ermahnung **Platons**, die es lohnt, im Zusammenhang zu lesen:

»Man muss nämlich solchen Leuten (gemeint ist Dionysios, der Diktator von Syrakus) die (philosophische) Aufgabe in ihrem ganzen Umfang, muss … die zahlreichen Schwierigkeiten und die große dazu erforderliche Mühe deutlich zu erkennen geben. Ist nämlich, wer das hört, ein wahrhafter Freund der Weisheit … so glaubt er Kunde erhalten zu haben von einem Wege, der in ein Wunderland führt, das zu erreichen er fortan alle Kraft einsetzen müsse: Lieber will er auf das Leben verzichten als auf dieses Ziel. Und so mutet er denn sich und dem Lehrer auf diesem Wege die äußerste Anstrengung zu und lässt nicht locker, bis er entweder das Ziel erreicht oder die Fähigkeit erlangt hat, ohne den Wegweiser sein eigener Lehrer zu sein. Von dieser Anschauung durchdrungen, und von diesem Triebe erfüllt, geht ein solcher seinen Berufsgeschäften zwar nach, welcher Art sie auch sein mögen, bleibt aber vor allem immer der Philosophie treu ergeben und bedacht auf eine alltägliche Lebensweise, die seine Fassungskraft, sein Gedächtnis und sein Denkvermögen … bis zum denkbar höchsten Grade steigert …«[67]

Philosophie heißt, sein alltägliches Leben konsequent und beharrlich nach der besten Einsicht einzurichten und zu leben. Das war für Platon die höchste Pflicht, sich selbst und der Gemeinschaft gegenüber.

Der Weise erzieht sich selbst zur gewissenhaften Erfüllung seiner Pflichten.[68]

Mit diesen Worten antwortete **Konfuzius** auf die Frage, was den Weisen auszeichne. Konfuzius dürfte in erster Linie die Pflichten im Auge gehabt haben, die sich aus der eigenen Persönlichkeit ergeben. Wie das westliche Denken seit Aristoteles, so war auch Konfuzius der Auffassung, der Mensch habe von Natur aus eine Bestimmung in sich, der er folgen müsse, um Glück und Erfüllung für sich und die Gesellschaft zu erlangen. Aristoteles nannte es das »telos« (Zweckursache), die alten Chinesen das »Dao/Tao« (der rechte Weg). Diese Bestimmung hat zum einen mit der allgemeinen Natur des Menschen zu tun und meint dann, dass wir ein »naturgemäßes« Leben führen sollen. Zum anderen meint es die besonderen Anlagen, Talente und Bedürfnisse jedes Einzelnen, die er erkennen, denen er in seinem Leben folgen und die er verwirklichen soll. Das ist seine oberste Pflicht. Folgt er dieser inneren Bestimmung, so findet – nach Konfuzius – auch die Welt ihren Frieden.

Bleibe dir selbst treu, und du wirst glücklich werden!

So könnte der Sinn folgender bedeutender Stelle bei dem Philosophenkaiser **Marc Aurel** zusammengefasst werden:

> *»Wenn du der rechten Vernunft folgst und die Forderung des Tages erfüllst, voll Ernst und Kraft, in guter Gesinnung und nichts als nebensächlich behandelst, sondern deinen eigenen Dämon (Seele) rein und lauter bewahrst, als wenn du ihn bereits zurückgeben müsstest – wenn du an diesem Grundsatz festhältst, ohne etwas zu erwarten oder zu fürchten, sondern dir genügen lässt an der gegenwärtigen naturgemäßen Betätigung und der heroischen Wahrhaftigkeit, in dem, was du sagst und äußerst, dann wirst du glücklich leben. Und niemanden gibt es, der das hindern könnte.«*[69]

Authentizität, Wahrhaftigkeit, Aufrichtigkeit und Konsequenz – innere Haltungen, Werte, für die wir stehen, Überzeugungen, denen wir folgen: All das macht uns aus und verpflichtet uns. Je besser wir diese Pflicht uns selbst gegenüber erfüllen, umso glücklicher wird, nach Marc Aurel, unser Leben sein.

Liebe ist der Weg, Pflicht die Herberge, Leben Wanderschaft.

Das ist der Sinn folgender bedeutender Stelle bei dem chinesischen Philosophen **Zhuangzi** (4. Jh. v. Chr.):

> *»Die höchsten Menschen der alten Zeit benützten die Liebe als Pfad und die Pflicht als Herberge, um zu wandern im Raum freier Muße. Sie nährten sich vom Feld der Wunschlosigkeit und standen im Garten der Bedürfnislosigkeit. Wandern in Muße ist Nicht-Handeln. Wunschlosigkeit ist leicht zu ernähren, und Bedürfnislosigkeit braucht keinen Aufwand. Die Alten nannten das: Wanderschaft, bei der man die Wahrheit pflückt. Die aber Reichtum für ihr Leben halten, sind nicht imstande, anderen ihr Einkommen zu gönnen. Die Berühmtheit für ihr Leben halten, sind nicht imstande, anderen ihren Namen zu gönnen. Die der Macht zugetan sind, sind nicht imstande, anderen Einfluss zu gewähren. Haben sie diese Güter in der Hand, so zittern sie, und wenn sie sie hergeben müssen, so kommen sie in Trauer … Wenn man ihre ewige Rastlosigkeit betrachtet, so muss man sagen, dass das die Leute sind, die der Himmel zur Sklaverei verdammt hat.«*[70]

Liebe und Pflicht (gegen sich selbst) sind wichtige Hilfsmittel auf dem Weg zur Weisheit. Die Pflicht wird hier als »Herberge« verstanden, als Haus, in dem wir uns ausruhen, als die Summe unserer guten Gewohnheiten. Weisheit selbst aber bedeutet leben und genießen in Einsicht und Selbstgenügsamkeit oder, mit den Worten Zhuangzis: »*Wanderschaft, bei der man die Wahrheit pflückt*«.

DANKBARKEIT

Die Quelle aller Freude

Ich habe drei Schätze: Liebe, Genügsamkeit, Selbstbescheidung.

Im Daodejing (Tao Te King) des **Laotse** lesen wir:

> *»Ich habe drei Schätze,*
> *die ich schätze und wahre.*
> *Der eine heißt: Liebe;*
> *der zweite heißt: die Genügsamkeit;*
> *der dritte heißt: nicht wagen, in der Welt voranzustehen.«*[71]

Für »*Liebe*« steht in anderen Übersetzungen »*Mitleid*« oder »*Barmherzigkeit*«.[72] Die »*Genügsamkeit*« war in der Antike in West und Ost eines der wichtigsten Ziele einer weisen Lebensführung. Sie hat viel mit innerer Freiheit, Unabhängigkeit (Autarkie), nämlich von äußeren Dingen, aber auch mit Bescheidenheit, Mäßigkeit, Dankbarkeit und Demut zu tun: zufrieden sich mit dem begnügen, was wir haben, was uns zufällt, was wir erreichen; ohne unruhig, ehrgeizig oder neidvoll auf das zu sehen, was wir nicht haben. Das heißt nicht, dass wir nicht auch nach äußeren Dingen streben oder im Äußeren Ziele verfolgen sollen, die wir für wertvoll halten. Aber die Selbstgenügsamkeit ist ein starkes existenzielles Fundament, unsere Mitte, unsere Energiequelle, unser Anker; ohne Bedeutung ist, was wir im Äußeren angesammelt haben. Daher hat es für uns keine Priorität und ist uns nicht wichtig, ob wir unsere äußeren Ziele erreichen. Wichtig ist lediglich, dass wir uns redlich bemühen und unser Bestes geben. Den äußeren Erfolg brauchen wir nicht, schön, wenn er dazukommt. Wir sind uns selbst genug und dankbar für das, was uns geschenkt wird.

Nie murrt er über etwas, was auch immer geschieht.

Für die Stoiker ist das Glück nur in der eigenen Seele, im eigenen Tun und Wollen zu finden. Wir sollen uns an dem Vorhandenen erfreuen und dankbar sein für das, was da ist, und nicht schauen auf das, was nicht da ist. Von dem, was nicht vollständig in unserer Gewalt liegt, was von anderen beeinflusst wird oder einfach geschieht (Schicksal), sollen wir uns innerlich loslösen. Wir sollen all unser nach außen gerichtetes Wollen und Wünschen relativieren. Wir können äußerlich ein ganz normales Leben führen und dabei Ziele verfolgen, wir sollen aber in keiner Weise unser Glück oder unsere Zufriedenheit mit dem Erreichen dieser Ziele verknüpfen. Wir sollen eine innere Haltung einnehmen, für die das Erreichen oder Nichterreichen äußerer Ziele gleichgültig ist. Hören wir dazu **Epiktet**, der diesen Gedanken immer wieder hervorhob:

> *»Wenn daher der Mensch in jenen Dingen allein sein Heil sieht, die … ganz in seiner Macht stehen, dann wird er frei, froh, glücklich; kein Schaden kann ihn treffen; er ist hochgemut, fromm, voll Dankbarkeit für alles gegen Gott; nie murrt er über etwas, was auch immer geschieht, und schilt auch niemanden. Wenn er dagegen sein Heil in den äußeren Vorgängen sieht, die seinem Willen entrückt sind, dann muss er notwendig … zum Sklaven jener werden, die über diese Dinge Macht haben, die er anstaunt und fürchtet …«*[73]

»Loslassen-Können« führt zur Dankbarkeit, Dankbarkeit zum Glück.

In der stillen Tiefe eines Seelenlebens findet sich das Gute. Denn nichts erzeugt so viel Freude wie die Dankbarkeit.

Dieser Auffassung war der griechische Philosoph **Epikur,** der in der »Lust« oder besser in der Freude das letzte Ziel und höchste Gut des menschlichen Lebens erblickte. Es war nicht die laute Lust und sinnliche Ausschweifung der Schlemmer und Lebemänner, die er dabei im Auge hatte, sondern eine im Inneren eines harmonischen Seelenlebens heranwachsende, anhaltende Lebensfreude. Sie war eng damit verbunden, Gutes zu tun und sich an dem Vorhandenen dankbar zu erfreuen. Die abwertende Rede vom »Epikureertum« beruht auf einem großen Missverständnis. Das lust- oder freudvolle Leben, das Epikur pries und in seiner Schule und im Alltag lehrte und vorlebte, war ein Leben in Bescheidenheit, Güte, Selbstbeschränkung und Dankbarkeit. Dies belegt das folgende Zitat eines antiken Rezipienten:

> *»Epikur, der das Gute in die tiefste Ruhe wie in einen stillen, willenlosen Hafen verlegt, sagt, dass Gutes tun nicht nur schöner, sondern auch lustvoller sei als Gutes erfahren. Denn nichts erzeugt so viel Freude wie die Dankbarkeit.«*[74]

Die Kindesehrfurcht ist die große Grundrichtung in der Welt.[75]

Das Zitat stammt aus dem chinesischen »**Buch der Riten, Sitten und Gebräuche**« (Liji, Li Gi) und gibt eine Auffassung wieder, die seit alters in der chinesischen Kultur anzutreffen ist und dort einen hohen Stellenwert einnahm. Danach ist die Ehrfurcht der Kinder vor den Eltern nicht nur das Fundament für jede ehrfürchtige Haltung gegenüber dem, was größer ist als wir, oder gegenüber dem, welchem wir dankbar sein müssen, sondern auch für eine Vielzahl anderer weiser Haltungen, die ein Mensch im Blick auf die Herausforderungen des Lebens einnehmen kann. So ist die Ehrfurcht die Grundlage für Respekt, Anerkennung, Liebe und gedeihliches Miteinander, für Demut, Bescheidenheit und Dankbarkeit. Sie ist auch das Fundament einer erfolgreichen Persönlichkeitsentwicklung. Eine Seite zuvor heißt es in diesem Sinn: »*Die Grundlage aller menschlichen Bildung ist die Kindesehrfurcht, ihre Ausführung ist die Pflege (der Eltern).*«[76]

Wenn dir dein Leben nicht erscheint wie eine einzige große, unverdiente Freude, so nur deshalb, weil dein Geist ein falsches Ziel hat.[77]

Was meint hier »*falsches Ziel*«? Ich denke, damit sind unsere Begierden, unser Wollen, unsere Werte, unsere ganze Weltanschauung gemeint, die uns guttun oder Probleme bereiten können. Immer wieder betonten die Alten in Ost und West, dass all unser Leiden an der Welt in unseren Begierden, Wünschen und in unserem Wollen ihren Ursprung hat. Dann liegt umgekehrt im Umgang mit unseren Begierden auch der Schlüssel zur Lebensfreude. Begehren wir nichts oder wenig von dem, was außerhalb unserer seelischen Welt liegt, und konzentrieren wir uns auf unsere inneren Werte wie etwa Ausgeglichenheit, Authentizität, Seelenruhe, Genügsamkeit und innere Stimmigkeit, dann gelangen wir zu einer Haltung der Demut, Bescheidenheit und Dankbarkeit. Wir nehmen das Leben als Geschenk und erfreuen uns an dem, was es uns gibt. Das bedeutet nicht Weltabgewandtheit und führt, richtig verstanden, nicht zur Aufgabe unserer Bestrebungen, Ziele und Ambitionen in der Welt. Unser äußeres Leben braucht sich in nichts von dem Leben, wie wir es bisher gelebt haben, zu unterscheiden. Es ist eine Frage der inneren Haltung, mit den Worten des Zitats: der eigentlichen und richtigen »*Ziele*« unseres Lebens. Die liegen in inneren, nicht in äußeren Gütern.

Stolz und Hochmut ist das Verderben ihrer Besitzer. Wer sein Herz selbst erkennt, den kennt das Glück.

Die Stelle findet sich im altägyptischen sog. »**Demotischen Weisheitsbuch**«. Hybris ist Selbstüberschätzung, mit anderen Worten: ungenügende Selbsterkenntnis, nämlich mangelnde Einsicht in die eigenen Schwächen und Grenzen. Das führt regelmäßig über kurz oder lang zu Leid und Unglück, denn wer seine Kräfte und Fähigkeiten überschätzt und seine Defizite ignoriert, der wird an der Welt scheitern, Fehler machen und seine Ziele nicht erreichen. Wer demgegenüber seine Qualitäten und Begabungen ebenso wie seine Mängel und Schwächen richtig einschätzt, wer weiß, was ihm guttut oder schadet, wer »*sein Herz selbst kennt*«, dem wird das Leben gelingen, »*zu dem kommt das Glück*«. Weiter heißt es im Text:

> »*Wer sanft mit gutem Charakter ist, schafft sich selbst sein Glück.*«[78]

Das Gegenteil von Hybris ist eine Haltung der Bescheidenheit, Dankbarkeit und Demut, die sanft und gütig macht. Sie ist der Nährboden für Glück und Zufriedenheit.

Dankbarkeit ist eine Jagd, die Wohltaten fesselt.

Das Zitat stammt von dem persischen Sufi und Gelehrten **Rumi**. Weiter heißt es dort:

> *»Wenn du die Stimme der Dankbarkeit hörst, bist du bereit, mehr zu geben. Wenn Gott einen Diener liebt, sucht Er ihn heim; wenn er duldet, wählt Er ihn aus; wenn er dankbar ist, erwählt Er ihn. Manche Menschen danken Gott für Seine Zornesmacht, und andere sind Ihm dankbar für seine Huld. Jedes der beiden ist gut, denn Dankbarkeit ist ein Gegengift, das Zorn in Gnade verwandelt.«*[79]

Dankbarkeit verwandelt und macht gütig gegenüber anderen. Es verwandelt Zorn »*in Gnade*«, in Verständnis, Wohlwollen und Zugewandtheit. Eine Haltung der Bescheidenheit, Demut und Dankbarkeit gibt Kraft, verzeihen zu können.

ZORN

Der Feind jeden Glücks

Schlafe dich aus, ehe du sprichst, der Sturm bricht sonst los wie ein Feuer im Stroh.[80]

Der Zorn und seine Äußerung galten in der Antike als Ausdruck und Paradigma für ein unweises, weil unbesonnenes und unüberlegtes Verhalten. Weisheit bedeutete vor allem die vernünftige Lenkung, Kanalisierung und Zügelung von Trieben, Leidenschaften, Impulsen, Affekten und Gefühlen mit dem Ziel, dass wir nicht die Selbstkontrolle verlieren und uns schädigen. Manchmal hilft dabei hartnäckiger Widerstand, geduldiges Ausharren und Verzicht auf spontane Reaktion, bis der Zorn verflogen ist, wie dies im Zitat die **Lehre des Amenemope** empfiehlt. Sie entstand im alten Ägypten um 1100 v. Chr. Löst das Verhalten eines anderen oder ein Geschehen heftige Emotionen bei uns aus, sollen wir erst warten, bis diese vorübergegangen sind, bevor wir reagieren. Die Emotionen hindern uns daran, die Situation objektiv und gerecht zu beurteilen. Unsere spontane Reaktion wird daher meistens unangemessen sein. Bei problematischen E-Mails habe ich mir beispielsweise angewöhnt, eine Antwort zwar vorzubereiten, diese aber erst nach Überprüfung am nächsten Tag abzusenden. Nie bleibt sie so, wie ich sie am Vortage verfasst hatte.

Wenn sich Zorn und Hass hervortun, ist die Seele nicht in der rechten Verfassung.

Im »**Buch der Riten, Sitten und Gebräuche**« (Liji, Li Gi) lesen wir, dass wir unsere eigene Persönlichkeit dadurch bilden, dass wir unser Seelenleben in eine gute Verfassung bringen. Dazu gehört unter anderem, Zorn und Hass zu überwinden und zu beherrschen:

> *»Wenn in der Persönlichkeit sich Zorn und Hass hervortun, so ist sie nicht in der rechten Verfassung; wenn sich Furcht und Angst hervortun, so ist sie nicht in der rechten Verfassung … wenn sich Kummer und Sorge hervortun, so ist sie nicht in der rechten Verfassung.«*[81]

Was hier »rechte Verfassung« genannt wird, bezeichnen wir heute als »innere Ausgeglichenheit« und treffen damit gut, was die Weisen des Altertums in Orient und Okzident als eines der wichtigsten Lebensziele ansahen, wenn nicht das wichtigste. Die Seelenkräfte halten sich gegenseitig im Zaum, balancieren sich aus, üben Gewaltenteilung, bei der wir darauf achten, dass keine ihre Grenzen überschreitet und andere Seelenteile oder das Ganze schädigt. Regen wir uns beispielsweise über ein Verhalten unseres Lebenspartners auf und lassen unserem Ärger ungezügelt freien Lauf, so verletzen wir den, den wir lieben, und beeinträchtigen unsere Gefühle zu ihm. Das geschieht, wenn wir nicht alle inneren Kräfte und Einsichten mobilisieren, um den Ausbruch von Zorn, Ärger, Wut und Hass bereits im Entstehen einzudämmen. Das ist keine Unterdrückung von Gefühlen, sondern gesunder Selbstschutz und Pflicht gegenüber unseren Mitmenschen.

Der Zorn ist das Tor zur Hölle.

In dem altindischen Lehrgedicht **Bhagavadgita**, von dem Gandhi sagte, es sei ihm in schweren Zeiten der Trost seines Lebens gewesen, lesen wir:

»Drei Pforten weist die Hölle auf,
Die jeden Frevler einst empfängt;
Sie heißen: Wollust, Zorn und Gier;
Wohl dem, der nicht an ihnen hängt!«[82]

Das Wort »Hölle« ist christlich konnotiert und vielleicht zu stark, findet sich aber in mehreren Übersetzungen dieser Stelle. Gemeint ist, dass die genannten Begierden und Leidenschaften Unheil herbeiführen, Leiden hervorrufen und für das Gegenteil eines gelingenden Lebens stehen. Dieses zeichnet sich nach Auffassung der Alten vor allem durch Seelenfrieden aus, durch innere Ausgeglichenheit und heitere Gelassenheit als einer seelischen Grundstimmung, aus der heraus wir am besten das Leben genießen und Glück erfahren können. Starke Affekte erschüttern häufig diese Seelenverfassung und zerrütten innere Harmonie, Wohlgemutheit und eine Grundzufriedenheit mit unserem Leben.

Gewöhne dich, über den Zorn Herr zu werden.

In den sog. **Goldenen Versen**, einem antiken griechischen Gedicht, das der Schule des Pythagoras zugeschrieben wird, heißt es:

> *»Dies nun wisse und gewöhne dich, darüber Herr zu werden:*
> *vor allem über den Bauch, über Schlaf, Geilheit und Zorn.«*[83]

Interessant ist hier die Unterscheidung zwischen »*wissen*« und »*gewöhnen*«. Das bloße Wissen von dem selbst schädigenden Charakter des Zorns reicht nicht aus, um seine negative Wirkung auf unsere Seelenverfassung zu verhindern. Wir müssen dieses Wissen durch Übung so sehr verinnerlichen, dass sich ein solches Gefühl erst gar nicht bildet und unseren Gefühlszustand beeinträchtigt. Erst dann haben wir wirklich die Herrschaft über diese Leidenschaft gewonnen und sind frei geworden von derartigen Affekten. Sie mögen noch kurz aufwallen, breiten sich aber nicht mehr aus und vergehen wieder, bevor sie richtig aufblühen. Die Notwendigkeit solcher »Verkörperlichung« gilt für alle Weisheiten und ist der Grund dafür, warum es uns so schwerfällt, konsequent nach ihnen zu leben. Wir kennen sie zwar, haben sie aber nicht durch Verinnerlichung und Eingewöhnung zu einem Teil unseres Selbst gemacht. Sie sind nicht stark genug in uns verankert, um das Aufkommen negativer Gefühle zu verhindern und schon im Keim zu ersticken, sodass unsere Gemütsstimmung davon nicht beeinträchtigt wird.

Wie Pilze aus dem Boden, so entspringt der Zorn dem Gemüt.

Über die in der Welt verstrickten Menschen, die außer Geschäftigkeit nichts mehr zu kennen scheinen, schreibt der chinesische Philosoph **Zhuangzi**:

> »*Unaufhaltsam wie das Sterben im Herbst und Winter zehren sie täglich immer mehr ihre Kraft aus. Sie ertrinken in ihren Taten, also dass jede Umkehr für sie unmöglich wird. Sie sind zur Unfreiheit verdammt, wie mit Stricken gebunden; so sind sie eingefahren in ihre alten Geleise. Und ist das Herz dann erst dem Tode nah, lässt es sich nicht zum lichten Leben wiederbringen (zur Einsicht). Lust und Zorn, Trauer und Freude, Sorgen und Seufzer, Unbeständigkeit und Zögern, Genusssucht und Unmäßigkeit, Hingegebensein an die Welt und Hochmut entstehen wie die Töne in hohlen Röhren, wie feuchte Wärme Pilze erzeugt. Tag und Nacht lösen sie einander ab und tauchen auf, ohne dass (die Menschen) erkennen, woher sie sprossen. Genug! Genug!*«[84]

Zorn wird hier zu den negativen Gefühlsregungen gerechnet, die zur Unfreiheit führen und wie andere übermäßige Leidenschaften überwunden werden müssen. Andernfalls vermehren sie sich wie Pilze. Zu innerem Frieden finden wir nur durch Aufgabe übermächtiger Begierden und Affekte wie etwa der Gier oder des Zorns. Das gelingt nicht ohne Verzicht, Enthaltsamkeit, Mäßigung und Selbstbeherrschung.

Geläutert von Begier und Zorn …

In der **Bhagavadgita** heißt es:

»Geläutert von Begier und Zorn,
Enthaltsam mit beherrschtem Sinn,
Verlöschen sie (die Weisen) im Ewigen
Zu unvergänglichem Gewinn.«[85]

Seelenruhe als innere Ausgeglichenheit und Glück bestehen nach dieser Auffassung, die erkennbar von der Philosophie des Yoga herrührt, vor allem darin, sich von heftigen Begierden und Zorn zu befreien. In der tiefsten Versenkung soll eine vollständige Befreiung von dem begehrenden Ich erreicht werden, das damit quasi *»verlöscht«*. In diesem Zustand rührt der Meditierende an das *»Ewige«* (Nirwana), das mit Glückseligkeit identifiziert wird (*»zu unvergänglichem Gewinn«*). Das Zitat verdeutlicht den Gegensatz von Zorn und Seelenruhe, von Unbeherrschtheit und weiser Selbstkultivierung.

Nach altindischer Vorstellung ist das letzte Ziel der Entwicklung des Selbst, völlig und dauerhaft in den Zustand ewiger Erleuchtung einzugehen. Für uns genügt es, wenn wir uns durch Meditation diesem Zustand kontinuierlich annähern, um im alltäglichen Leben Zorn zu vermeiden und Distanz zu unseren Begehrlichkeiten zu halten. Diese Distanz befähigt uns dazu, das, was uns dauerhaft guttut, zu wählen, anderes, das uns mehr Leid als Freude verschafft, auszuschlagen. Sie verhindert zudem ein Anhaften an Äußerlichem und vermeidet die damit notwendig verbundenen Leiden.

Wie ein überschwänglicher Jubel ist der Zorn eine Maßlosigkeit.

Das dürfte der Sinn folgender Worte des chinesischen Philosophen **Zhuangzi** sein: Für ihn sind

> *»Freude und Zorn Übertretungen des Dau (Dao, Tao, der rechte Weg). … Hass, Begierde, Freude, Zorn, Trauer und Lust – diese sechs lasten auf des Menschen Tugend …«*[86]

Hier dürfte »*Freude*« im Sinne einer heftigen, »leiden«-schaftlichen, das gesunde Maß überschreitenden Gemütsbewegung zu verstehen sein. Es sollte nicht mit dem gleichgesetzt werden, was wir heute mit »Freude« meinen.[87] Der Ausdruck »*Übertretungen des Dau*« bedeutet, dass der Mensch vom »rechten Weg« abkommt. Der »rechte Weg« war für die Chinesen gleichbedeutend mit dem Pfad der Weisheit, der wiederum viel mit Maß und Mitte zu tun hat. Insofern meint »*Übertretung des Dau*« eine Verletzung des rechten Maßes. Sie beeinträchtigt den guten Lebensfluss und führt zu Leiden.

EINFACHHEIT

Ein Hauptziel weiser Lebensführung

Nicht hungern, nicht dürsten, nicht frieren.

Das Zitat stammt von dem griechischen Philosophen **Epikur** und lautet im Zusammenhang:

> *»Die Stimme des Fleisches spricht: Nicht hungern, nicht dürsten, nicht frieren. Wer das besitzt oder darauf hoffen darf, der könnte sogar mit Zeus an Glückseligkeit wetteifern.«*[88]

An äußeren Gütern brauchen wir nicht viel, um ein glückliches Leben zu führen. Für die alten Weisen in Orient und Okzident war es ein Irrtum zu glauben, dass wir unser Glück in äußeren Gütern finden könnten. Das sollte uns Kraft und Zuversicht geben, dass wir in jeder Lebenssituation ungeachtet der äußeren Umstände etwas aus unserem Leben machen können, mag der Rahmen der Möglichkeiten auch noch so begrenzt sein. Wir sollten uns bewusst machen, wie viel Zeit wir für die Sicherung und Vergrößerung unseres materiellen Wohlstands und wie viel Zeit wir für die Ordnung und Stärkung unseres Seelenhaushalts aufwenden und beides ins richtige Verhältnis setzen. Liegt unser Glück nicht im Äußeren, sollten wir die Zeit, die wir darauf verwenden, begrenzen und uns mehr Zeit zur Pflege unseres inneren Lebens nehmen. Im antiken Weisheitsdenken in Ost und West war die »Einfachheit« eine Qualität weiser Lebensführung. Sie ist verwandt mit einer Reihe von anderen weisen Eigenschaften wie Selbstgenügsamkeit, Mäßigkeit, Bescheidenheit, Seelenruhe, Harmonie, Duldsamkeit und Natürlichkeit.

Nach all dem Schnitzen und all dem Gestalten muss man sich wieder zur Einfachheit halten.[89]

Das Zitat stammt von dem chinesischen Denker **Zhuangzi**. Er gehört der philosophischen Richtung des Daoismus (Taoismus) an, die zahlreiche Erscheinungen und »Auswüchse« der kulturellen Entwicklung der Gesellschaft verurteilte und ein »Zurück zur Natur« und zur Einfachheit forderte. Dass das nicht undifferenziert geschah, deutet das wiedergegebene Zitat an. Es beschreibt das Ziel einer »natürlichen« Lebensweise als das Ergebnis einer Entwicklung, die einen kulturellen Bildungsprozess durchlaufen hat (»*Nach all dem Schnitzen und all dem Gestalten*«). Im Vergleich zu anderen Lebewesen ist der Mensch mit Vernunft ausgestattet, allerdings auf Kosten eines schwachen Instinkts. Er ist nach umstrittenen Formulierungen von Johann Gottfried Herder und Arnold Gehlen ein »Mängelwesen«, das an einem »fast lebensgefährlichen Mangel an echten Instinkten« leidet. Er kann sich nicht darauf verlassen, »von Natur aus« oder »aus dem Bauch« heraus das Richtige zu tun. Er ist auf seine Vernunft angewiesen, die ihm den Instinkt ersetzen oder doch dessen Schwächen ausgleichen muss. Ziel einer weisen Persönlichkeitsentwicklung ist es daher, durch Einüben weiser Verhaltens-, Denk- und Wollensmuster, seine Gefühle und Instinkte wieder als verlässliche Impulsgeber zu sensibilisieren, auf die natürliche und soziale Umwelt zu justieren und auszubilden. Gelingt das, so finden wir zur Einfachheit zurück. Das ist der Sinn von Zhuangzis Ausspruch. Auch Platon und Aristoteles gingen davon aus, dass eine solche »Erziehung der Gefühle« möglich sei.

Was wahr, einfach und aufrichtig ist, das ist der Natur des Menschen am gemäßesten.[90]

Der Ausspruch stammt von **Cicero**. Er klingt eingängig. Aber ist es nicht äußerst schwierig, angesichts der vielfältigen vor- und frühkindlichen, familiären und gesellschaftlichen Prägungen und Einflüsse zu erkennen, was unserer eigenen Natur entspricht? Wie soll man zugleich »einfach« leben? Vielleicht ist beides richtig. Zu lernen, auf unsere Natur zu achten und ihr zu folgen, ist schwierig, denn es braucht viel Zeit, Muße und Besinnung, um sich kennenzulernen. Haben wir aber einmal unsere Mitte, den Kern unserer Persönlichkeit entdeckt, haben wir uns dort behaglich eingerichtet, indem wir unseren Seelenhaushalt in Ordnung gebracht haben, sind wir zu innerer Geborgenheit und einer Grundstimmung heiterer Gelassenheit gelangt, so wird alles einfach. Wir ruhen in uns, stehen auf festem Grund, haben Selbstvertrauen und bei aller Offenheit und Neugier in unseren Haltungen, Werten, Überzeugungen und Gefühlen eine Sicherheit erlangt. Ohne darüber nachzudenken, treffen wir aus dem Bauch heraus das Richtige.

Schlicht ist die Rede, die im Dienst der Wahrheit steht.

Das Zitat stammt von dem griechischen Tragiker **Euripides.**[91] Seneca zitiert es und bemerkt dazu:

> *»Daher soll man sie (die Rede) nicht zu einem unentwirrbaren Knäuel machen.«*[92]

Vielleicht ist das die Tragik der abendländischen Geschichte der praktischen Philosophie: Sie machte aus »einfachen« Weisheiten hochkomplexe Begriffe und vielschichtige, weitverzweigte Systeme, die am Ende in ihrer Komplexität vom einfachen Volk nicht mehr verstanden wurden. So verlor die Philosophie die Fähigkeit, Richtschnur für die Lebensführung des Menschen zu sein. Sie vergaß, dass, wie Kant es formulierte, der Philosoph auch Lehrer der Weisheit durch Lehre und Beispiel sein solle. Sie beschränkte sich auf den »Schulbegriff« von Philosophie, wonach es deren Aufgabe ist, das System der Erkenntnis in logischer Vollkommenheit ohne Rücksicht auf die menschlichen Zwecke, Ziele und Bestimmung zu entwickeln. Den »Weltbegriff« von Philosophie, wonach sie gerade die Beziehung aller Erkenntnis auf die menschlichen Zwecke und Ziele klärt und damit die praktische Philosophie auch für Nicht-Philosophen verstehbar und lebbar macht, vernachlässigte sie. Dieser Teil der Philosophie stand noch ganz im Zentrum der antiken Philosophie, am Ursprung ihrer Entstehung. Alles verliert, was seinen Ursprung vergisst.

Erheben sich die Begierden, so würde ich sie bannen durch Einfachheit.

Das Zitat stammt von dem chinesischen Philosophen **Laotse** und lautet im Zusammenhang:

> »*Werden Fürsten und Könige ihn (Dao, Tao, der rechte Weg) zu wahren verstehen,*
> *so werden alle Dinge sich von selber gestalten.*
> *Gestalten sie sich und es erheben sich die Begierden,*
> *so würde ich sie bannen durch namenlose Einfalt.*
> *Namenlose Einfalt bewirkt Wunschlosigkeit.*
> *Wunschlosigkeit macht still,*
> *und die Welt wird von selber recht.*«[93]

»*Namenlose Einfalt*« wird auch übersetzt mit »des Namenlosen (Daos) Einfachheit«.[94] Das Wort »Dao« ist ein komplexer Begriff der altchinesischen Philosophie und bedeutet so viel wie »Pfad, der rechte Weg, kosmische Kraft, Urprinzip, Ursprung des Seins«. Die Weisen scheuten sich, ihm einen Namen zu geben (deshalb »*des Namenlosen*«), weil alle Namen den Bedeutungsgehalt nicht erfassen und ihn – wie alles begriffliche Definieren – eingrenzen, festlegen und ihn damit unter Umständen seiner Lebendigkeit berauben. Die Grundthese dieser wichtigen Richtung des chinesischen Weisheitsdenkens war, dass sich durch eine Übereinstimmung mit dem »rechten Weg« (Dao) und dem Einfügen in den natürlichen Kreislauf der Dinge die existenziellen Fragen und menschlichen Herausforderungen auch ohne weitere Intervention quasi von selbst auflösen.

Des Weisen Weg ist schmucklos, aber man wird seiner nie müde; er ist einfach, aber geordnet.

Das Zitat stammt aus dem chinesischen **»Buch der Riten, Sitten und Gebräuche«** (Liji, Li Gi). Die schöne, aber schwierige Stelle lautet weiter:

»… er ist milde, aber hat Folge (Wirkung). Nur wer weiß, wie man vom Nahen zum Fernen kommen kann, wer weiß, woher der Einfluss kommt, wer weiß, was das offenbare Geheimnis ist, der mag mit ihm zusammen eindringen in die Tiefen der Lebenskraft. …
Darum achtet der Weise auf sein Inneres, ob er keinen Makel hat, ob er nichts Schlechtes hat in seinem Willen. Worin der Weise unerreichbar bleibt, sind lauter Dinge, die die Menschen gar nicht sehen. In den Liedern heißt es: ›Wenn du in deinem Hause bist, tue nichts, dass du dich nicht vor den Wänden schämen musst.‹«[95]

Der erste Absatz fordert uns auf, unser Leben verstehend zu durchdringen und überall die Verbindung von Ursache und Wirkung zu sehen. So wird offenbar, was für viele Geheimnis bleibt. Dies geschieht, so der zweite Absatz, indem wir uns selbst erkennen und kontinuierlich an unseren persönlichen Defiziten und Schwächen, an unseren Haltungen und inneren Werten arbeiten und so unsere Persönlichkeit weiterentwickeln. Wir tun dies als unser eigener selbstkritischer Erzieher. Die sich aber nicht selbst beobachten und prüfen, die sehen das Wesentliche nicht, es bleibt verhüllt, sie wandeln im Dunklen, ohne zu wissen, woher und wohin.

Die Würde eines Menschen liegt in der Einfachheit des Gedankens und der Wachheit des Geistes.

Im »Hagakure« des **Yamamoto Tsunetomo,** einem Standardwerk über die geistig-seelische Erziehung der Samurai, die auf dem Fundament alter chinesischer Weisheitslehren einem hohen Ideal persönlicher Entwicklung nachstrebten und auch verwirklichten, lesen wir:

> *»Die Würde eines Menschen ist auf den ersten Blick zu erkennen. Würde liegt in einer ruhigen Haltung und im sparsamen Gebrauch von Worten … in der Einfachheit des Gedankens und der Wachheit des Geistes.«*[96]

Wenn jemand einfache Gedanken hat und dementsprechend lebt und sich ausdrückt, kann dies ein Zeichen dafür sein, dass er entweder sehr wenig oder besonders viel verstanden hat. Hat er besonders viel verstanden, erkennt er den Wert des scheinbar Selbstverständlichen, des Ungestalteten, des Natürlichen, der Wahrheit in ihrem Ursprung. Alles Ursprüngliche ist einfach, aber leuchtet am klarsten und hellsten. Es ist jedoch nicht leicht, das Ursprüngliche nach Jahrhunderten oder Jahrtausenden wieder freizulegen. Antikes Weisheitsdenken hat etwas von diesem Ursprünglichen und Einfachen, das jedoch von einer langen Tradition des Disputierens, Zerredens, Verdrehens und Missverstehens verschüttet, verdunkelt und verloren gegangen ist. Wir sollten diesen Schatz heben, vom Staub der Zeit befreien und ihm in den gewandelten Zeitumständen neues Leben einhauchen. So wird er für uns nutzbar und zu einer großen Hilfe.

KÖRPER

Das Fundament unseres Wohlbefindens

Denn bei allem, was die Menschen treiben, spielt der Körper eine Rolle.

Sokrates: »Sei dir also bewusst, dass du weder in deinem Kampf noch sonst bei einer Tätigkeit Nachteile haben wirst, wenn du den Körper besser geübt hast. Denn bei allem, was die Menschen treiben, spielt der Körper eine Rolle. Wo man ihn braucht, kommt es sehr darauf an, dass man ihn im besten Zustand erhält. Wer weiß nicht, dass auch beim Denken, wo der Körper doch scheinbar nur ganz wenig vonnöten ist, nur deshalb viele schwer in die Irre gehen, weil dieser nicht gesund ist? Auch Vergesslichkeit, Mutlosigkeit, schlechte Laune und Wahnsinn überfallen das Denkvermögen von vielen wegen des schlechten Zustandes ihres Körpers, sodass sie sogar feste Kenntnisse verlieren. Wenn der Körper aber in Ordnung ist, dann kann man ganz ruhig sein, und es besteht zum Mindesten keine Gefahr, seinetwegen etwas Derartiges zu erleiden. Es ist vielmehr ganz natürlich, dass ein gut geübter Körper für die gegenteilige Wirkung sorgt.«[97]

Gesundheit ist hier zu verstehen als die bestmögliche körperliche Verfassung angesichts der Ausgangskonstitution des jeweiligen Menschen. Auch mit angeborenen oder schicksalhaft eingetretenen dauerhaften körperlichen Beeinträchtigungen gibt es noch eine relative Fitness. Der von Sokrates hervorgehobene wichtige Aspekt ist, dass die Sorge um unser seelisches Wohlbefinden die Sorge um eine gute körperliche Verfassung mit einschließt, ja voraussetzt. Fehlt diese, kann weise Lebensführung schwieriger werden.

Er hatte auch Sport getrieben und seinen Körper auf Ausdauer trainiert, und das Ziel seiner Übungen war, von keinem anderen abhängig zu sein.

Das schreibt ein antiker Biograf über den griechischen Weisen **Demonax**, der 100 Jahre alt geworden sein soll. Die Griechen verbrachten täglich mindestens zwei Stunden mit gymnastischen und sportlichen Übungen, um ihren Körper in eine gute Verfassung zu bringen. Demonax muss eine beeindruckende Persönlichkeit gewesen sein, dem sein guter körperlicher Zustand gewiss die physische Grundlage gab. So heißt es weiter im Text:

> »*Wer mit ihm zusammen gewesen war, verließ ihn … von seiner guten Laune ganz verwandelt, anständiger und heiterer und voll guter Hoffnung für die Zukunft. Nie hörte man ihn schreien, nie regte er sich übermäßig auf oder war erzürnt, auch wenn es nötig war, jemanden zu tadeln; Fehlverhalten oder Tadelnswertes stellte er zwar bloß, aber dem Menschen verzieh er. Man müsste sich die Ärzte zum Vorbild nehmen, die Krankheiten heilen, ohne den Kranken zu zürnen. Zu fehlen sei menschlich, Fehler zu berichtigen aber göttlich oder gottähnlich.*«[98]

Insbesondere die hier angesprochene Trennung zwischen dem Verhalten eines Menschen und dem Menschen selbst ist für einen gelingenden Umgang mit anderen und für eine humane, friedfertige Gesellschaft von herausragender Bedeutung. Dem Fehlverhalten eines Menschen müssen wir entgegentreten, während wir den Menschen selbst nicht verurteilen sollten.

Leiden, Gemütsstörung, Körperschwäche, unnatürliches Ein- und Ausatmen sind die Begleiterscheinungen eines zerstreuten Geistes.

Der Ausspruch stammt aus den Yoga-Sutras des **Patañjali**, der grundlegenden antiken Schrift zum Yoga. Sich selbst verlieren in Zerstreutheit führt zu seelischem und körperlichem Leiden und Krankheit. Das Gegenteil eines zerstreuten Geistes hingegen, das Gesammelt-Sein, die meditative Konzentration auf die Innenschichten der eigenen Seele oder auf die Sache, die man gerade macht, stehen eher für körperliche und geistige Gesundheit, Freude und Heiterkeit. Weiter heißt es:

> »*Um diese Hindernisse zu beseitigen, (soll man) die Konzentration auf die Einheit üben. Die Verwirklichung von Liebe, Mitleid, Heiterkeit und Gleichmut in Bezug auf Freude und Leid, Gutes und Böses (führt zur) Abgeklärtheit des Geistes.*«[99]

Statt »*Abgeklärtheit des Geistes*« können wir auch »Weisheit« sagen. Deren wesentliche Erscheinungsmerkmale sind Heiterkeit, Gelassenheit (»*Gleichmut*«), Mitgefühl (»*Mitleid*«) und Liebe sowie deren Umsetzung im täglichen Leben.

Der Weise pflegt seinen Körper, damit er leistungsfähig bleibt.

Das Zitat stammt aus dem »**Buch der Riten, Sitten und Gebräuche**« (Liji, Li Gi), einem kanonischen Buch der antiken chinesischen Weisheit. Im Kontext lautet es:

> *»Er (der Weise) hütet sich vor einem vorzeitigen Tode, weil er noch etwas zu tun hat; er pflegt seinen Körper, damit er leistungsfähig bleibt. So ist seine Vorbedachtsamkeit.«*[100]

Im Text ist mit »er« der »Schriftgelehrte« gemeint, in dem wir mühelos den Weisen als Vorbild und Leitfigur für ein gelingendes Leben wiedererkennen. Seine Aufgabe ist es, überlieferte Weisheit zu sammeln und zu übermitteln. Darin sah Konfuzius, der das Liji redigiert haben soll, Sinn und Bestimmung seines Lebens. Um seine Bestimmung zu erfüllen, soll der Weise sich um seine körperliche Gesundheit kümmern und ein langes Leben führen. Er tut dies nicht aus egoistischen Gründen, sondern zum Wohl der Allgemeinheit. Für die anderen sollst du leben, wenn du dein Selbst leben willst, sagt Seneca. »*Vorbedachtsamkeit*« bedeutet sorgende Vorausschau und besonnene Lebensplanung aus der Einsicht in die Vergänglichkeit und den Wandel der Dinge.

So also herrscht der Weise: Das Herz leeren. Den Bauch füllen. Stärken die Knochen. Schwächen den Willen.[101]

Der Ausspruch stammt von **Laotse**. Den Bauch füllen und die Knochen stärken bedeutet, dass der Weise für sein körperliches Wohlbefinden sorgt, wobei nicht an Schlemmerei, sondern an die Befriedigung des Notwendigen zu denken ist. Mit »*das Herz leeren*« und »*den Willen schwächen*« ist Selbstgenügsamkeit gemeint und die Abkehr von dem ständigen und hartnäckigen Verfolgen äußerer Ziele. Wir sollen uns der Welt nicht bemächtigen, sondern uns sanft und geschmeidig in den natürlichen Lauf der Dinge einfügen, die Energie des Lebendigen in uns aufnehmen und realisieren. Das ist der gute Fluss des Lebens. Leer und rein werden sowie den Willen zügeln waren für Laotse wesentliche Aspekte einer weisen Lebensführung. Beherrschen wir sie, so können wir bedenkenlos auch unseren sinnlichen Bedürfnissen nachgehen und sie befriedigen (»*den Bauch füllen*«). Wir werden dies mit Augenmaß tun.

Sportliche Betätigung steigert die Genüsse des Lebens.

Zu seinen Freunden sagte **Sokrates** einmal, er wolle tanzen lernen. Da lachten sie.

> *»Aber Sokrates fragte mit tiefernster Miene: Lacht ihr über mich? Etwa darum, weil ich mit dieser Turnerei meine Gesundheit pflegen und mit mehr Genuss essen und schlafen möchte? Oder weil ich gerade auf solche Übungen aus bin, von denen mir nicht wie den Dauerläufern die Schenkel dick werden, aber die Schultern schmal, auch nicht, wie den Faustkämpfern, die Schultern fest, aber die Schenkel dünn, sondern durch welche mir der ganze Körper durchgearbeitet und alles ins Gleichgewicht gebracht wird? … Oder ist es zum Lachen, dass ich meinen Bauch, der das Maß überschritten hat, etwas bescheidener machen möchte?«*[102]

Sokrates spricht sich hier für ein maßvolles, ganzheitliches Training des Körpers aus. Längere einseitige Beanspruchungen sollten gemieden werden. An anderer Stelle überträgt er diese Vorstellung auf die Seele und fordert, dass wir allen unseren Bedürfnissen und Fähigkeiten angemessen nachkommen und Einseitigkeiten, Vernachlässigungen und Verkürzungen unserer Lebensmöglichkeiten vermeiden sollten. Die seelischen wie die körperlichen Funktionen sollten harmonisch aufeinander abgestimmt sein und gleichmäßig geübt und praktiziert werden.

***Wo ein Körper ist,
da ist auch Leiden,
da ist der Tod.***

So könnte folgende Rede **Siddhartha Gautamas** (Buddha) zusammengefasst werden:

> *»Wo ein Körperliches besteht, da ist auch Mâra (der Tod als Herr des Lebens), dort ist auch einer, der vernichtet, und fürwahr einer, der da stirbt. Darum erblicke du, Radha (ein ›Ehrwürdiger‹), das Körperliche als Mâra, sieh es als den, der tötet, schau es als den, der stirbt: als Krankheit, Geschwür, als scharfes Schwert; erkenne es als Übel, leidvoll geworden. Welche es auf solche Weise betrachten, die schauen es recht.«*[103]

In großen Teilen der altindischen Philosophie, und nicht nur dort, wurde das Körperliche mit all seinen Bedürfnissen, Trieben und Leidenschaften als die Wurzel allen Übels und aller Leiden angesehen. Diese Richtungen hatten – wie etwa auch Platon und das Christentum – etwas Körperfeindliches, ihre Philosophie war Erlösungslehre. Auch wenn wir dem nicht folgen, so hat ein gelingendes Leben doch viel damit zu tun, dass wir unsere körperlichen Begierden zügeln und beherrschen und mit einer vernünftigen, weitsichtigen Lebensweise in Übereinstimmung bringen. Was ist der Yoga, eine der ältesten Richtungen der indischen Philosophie, anderes als der Versuch der vollkommenen Beherrschung von Körper und Geist?

GEGENSÄTZE

Der Motor des Lebens

Die Menschen wissen nur, dass das Leben eine Freude ist, aber nicht, dass es auch bitter ist.

Das Zitat stammt aus dem Buch des chinesischen Philosophen **Liezi**. Es lautet im Zusammenhang:

> *»Konfuzius sprach: … Die Menschen im Allgemeinen wissen nur, dass das Leben eine Freude ist, aber nicht, dass es auch bitter ist. Sie wissen nur, dass das Alter hinfällig ist, aber nicht, dass es auch friedlich ist. Sie wissen nur, dass der Tod ein Übel ist, aber nicht, dass er auch Ruhe gibt.«* [104]

Ein zentraler Gedanke im antiken Weisheitsdenken in Okzident wie Orient war die Einsicht, dass die Gegensätze in der Welt notwendig zusammengehören. Wir sind hineingeboren in Spannungen und Konflikte. Im Innern der Seele herrschen gegenläufige Kräfte, Begierden und Emotionen. Auch eine weise Lebensführung kann daran nichts ändern. Allerdings vermag das verinnerlichte Wissen um diesen Zusammenhang zu helfen, mit den Gegensätzen besser umzugehen, insbesondere, sich durch sie nicht die Lebensfreude nehmen zu lassen. Häufig jedoch verschließt sich der Mensch diesem Wissen, lässt es nicht in Fleisch und Blut übergehen und verankert es nicht in seinen Gefühlen. So verharrt er in verengten Perspektiven, einseitigen Sichtweisen und Borniertheiten. Dies führt dazu, dass er leidet. Er leidet unter seiner Unwissenheit und Ignoranz. Das ist der Grund, warum viele Menschen ihre Gelassenheit verlieren, wenn etwas ihren Erwartungen zuwiderläuft. Darauf spielt das Zitat an.

Wenn es keine hohen und tiefen Töne gibt, dann gibt es auch keine Harmonie.

Das ist der Sinn folgender Stelle bei dem frühen griechischen Philosophen **Heraklit**:

> *»Mit Unrecht sagt Homer: ›Möchte doch schwinden der Streit aus der Welt der Götter und Menschen!‹ Dann ginge ja alles zugrunde. Denn es gibt keine Harmonie, wenn es nicht hohe und tiefe Töne gibt, und keine lebenden Wesen ohne Weibliches und Männliches, was doch Gegensätze sind.«*[105]

Im Leben entwickelt sich vieles, wenn nicht alles, aus dialektischen Spannungsverhältnissen. Das entspricht der altchinesischen Vorstellung von Yin und Yang, dem Dunklen, Harten, Passiven, Erdhaften und dem Hellen, Weichen, Aktiven, Himmlischen. Sie sind polare, sich gegenseitig anregende und antreibende kosmische Kräfte, die sich anziehen und gleichzeitig abstoßen. Gegensätze sind unabdingbare Voraussetzung für Harmonie, für gelingendes Leben, Glück, Wohlbefinden. Harmonie ist die momenthafte Vereinigung und Befriedung von Unterschiedlichem, das zeitweise Mitschwingen des Andersartigen, Zusammentreffen und Verbinden von Getrenntem. Es hilft, sich dessen stets bewusst zu sein, um die Kunst zu erlernen, Leiden und Lasten zu tragen.

Das Gegensätzliche zieht sich an durch gegenseitige Liebe und Eintracht. Dazu verhilft die Musik.

In dem Dialog »Das Gastmahl« schreibt **Platon**:

»Doch vielleicht wollte er (Heraklit, den er zuvor zitiert) nur dies sagen, die Harmonie sei durch die musikalische Kunst entstanden, indem das vorher auseinanderstrebende Hohe und Tiefe durch sie weithin in Einklang gebracht worden sei. Denn solange das Hohe und Tiefe noch auseinanderstreben, ist keine Harmonie denkbar. Ist doch die Harmonie Einklang, Einklang aber eine Art Übereinstimmung ... Zum Einklang aber verhilft ... die Musik, indem sie gegenseitige Liebe und Eintracht einpflanzt; und so ist denn die Musik ihrerseits die wissenschaftliche Einsicht in die Liebesregungen (Anziehungen) im Gebiete der Harmonie und des Rhythmus. Und was die eigentliche Struktur von Harmonie und Rhythmus betrifft, so ist es nicht schwer, die Liebesregungen zu erkennen, wie sich denn hier der zwiefache Eros auch noch nicht findet.«[106]

Mit dem »*zwiefachen Eros*« (Liebesgott) ist einerseits der »*Allerweltseros*« gemeint, wie sich Platon ausdrückt, die gewöhnliche Liebe zwischen zwei Menschen, »*mit der man vorsichtig sein muss*«, und andererseits die »*himmlische*« Liebe zu den geistigen Gütern. Von dieser Unterscheidung rührt die Rede von der »platonischen Liebe« her. Musik als die Lehre von Harmonie und Rhythmus war für Platon ein Mittel zur Überwindung von Gegensätzen in der Welt, in der Seele und im Körper. Die Musik galt ihm als Vorbild und Erzieherin für den Charakter und eine harmonische Lebensführung.

Die Gegensätze sind der Ursprung der Dinge.

Das Zitat stammt von dem griechischen Arzt und Naturphilosophen **Alkmaion von Kroton** und lautet im Zusammenhang:

> *»Er (Alkmaion) behauptet nämlich, dass die Vielheit der menschlichen Dinge im Grunde auf zwei hinauskomme ... von diesen beiden (von Alkmaion und den Pythagoreern, eine frühe philosophische Schule, der er zuzurechnen ist) kann man also so viel entnehmen, dass die Gegensätze die Prinzipien der Dinge sind.«*[107]

Aus den Gegensätzen entsteht alles. Polarität bestimmt das innere Wesen der Dinge wie ihre äußeren Verhältnisse. Das gilt auch für den Menschen. Sein Streben nach Seelenruhe und innerer Ausgeglichenheit ist der Versuch, die Gegensätze in seinem Seelenleben zu befrieden oder doch die Spannungen gelassen auszuhalten. Gänzlich aufheben – das war die herrschende Auffassung des antiken Weisheitsdenkens – wird er sie nie. Karl Jaspers spricht von dem *»Unstimmigen im Dasein«*, Sigmund Freud von einem inneren Ungleichgewicht, das der Mensch ständig auszugleichen bestrebt ist. Gegensätze scheinen die notwendige Struktur der Lebendigkeit in ihrem dynamischen Pulsieren zu bilden. Vielleicht gibt es ohne sie keine Freude, kein Glück, keine Erfüllung, keine Entwicklung. Dieser Gedanke kann uns die Kraft geben, die Gegensätze auszuhalten.

Keine Ebene, auf die nicht ein Abhang folgt.

Der Ausspruch stammt aus dem chinesischen »**Buch der Wandlungen**« (I Ging, Yijing), dem wohl ältesten Weisheitsbuch der Menschheit. Zum Zeichen »*Friede*« lesen wir dort:

> »*Keine Ebene, auf die nicht ein Abhang folgt,*
> *kein Hingang, auf den nicht die Wiederkehr folgt.*
> *Ohne Makel ist, wer beharrlich bleibt in Gefahr.*
> *Beklage dich nicht über diese Wahrheit,*
> *genieße das Glück, das du noch hast.*«

Der bedeutende Sinologe und Übersetzer Richard Wilhelm kommentiert diese Stelle wie folgt: »*Alles Irdische ist dem Wechsel unterworfen. Auf Blüte folgt Niedergang. Das ist das ewige Gesetz auf Erden. Das Schlechte kann wohl zurückgedrängt, aber nicht dauernd beseitigt werden. Es kommt wieder. Diese Überzeugung könnte einen schwermütig machen. Aber das soll sie nicht. Sie soll nur bewirken, dass man im Glück nicht in Verblendung gerät. Bleibt man der Gefahr eingedenk, so bleibt man beharrlich und macht keinen Fehler. Solange das innere Wesen stärker und voller bleibt als das äußere Glück, solange wir innerlich dem Schicksal überlegen bleiben, so lange bleibt das Glück uns treu.*«[108] Die »Geborgenheit im Innern« (Buch der Riten, Sitten und Gebräuche), die »innere Burg« (Seneca, Marc Aurel) ist das Schiff, mit dem wir sicher durch die Stromschnellen des Alltags gleiten und uns am »schönen Fluss des Lebens« erfreuen.

Sich bilden heißt alles so lernen wollen, wie es geschieht.

Das Wort stammt von dem freigelassenen Sklaven **Epiktet**, einem Vertreter der späten stoischen Philosophie. Weiter heißt es im Text:

> *»Wie geschieht es aber? So, wie es der Ordner geordnet hat. Dieser hat aber die Anordnung getroffen, dass es Sommer und Winter, Fruchtbarkeit und Unfruchtbarkeit, Tugend und Laster und alle diese Gegensätze um der Harmonie des Weltalls willen geben soll.«*[109]

»Weisheit« kommt von Wissen. Dies unterscheidet sie von anderen Möglichkeiten, sein Leben zu bereichern. Die philosophische Weisheit beruht wesentlich darauf, sich und die Welt in ihrer ganzen Fülle und gegenseitigen Verflochtenheit besser zu verstehen und sie aus einer ganzheitlichen Sicht so zu akzeptieren, wie sie ist. Dies bedeutet für Epiktet insbesondere, die Gegensätze, Spannungen, Polaritäten und scheinbaren Widersprüche zu durchschauen und, wenn möglich, auf ein leitendes Prinzip zurückzuführen (hier: Die Gegensätze sind um der Harmonie willen da). Der Winter als ein Ausruhen der Natur ist notwendig für Frühling und Sommer. Der Tod macht Platz für neues Leben. Leid oder Mangel kommen vor Freude und Befriedigung. Liebe speist sich gleichermaßen aus Harmonie und Spannung, aus der Zusammengehörigkeit und dem Anderssein. Das bedeutet nicht, dass wir im Leben nicht gegen Ungerechtigkeiten und Missstände aufbegehren und auf eine Verbesserung der Lebensumstände hinarbeiten sollen.

Zahllose Widersprüche besitzen, das heißt Reichtum.

Dieser Satz findet sich in folgender bemerkenswerter Passage bei **Zhuangzi**:

> *»Das Nicht-Übereinstimmende übereinstimmend machen, das heißt Größe. Die Grenzen und Verschiedenheiten zu überwinden, das heißt Weitherzigkeit. Zahllose Widersprüche besitzen, das heißt Reichtum. Festhalten an den Prinzipien des LEBENS (Weisheit, Tugend), das heißt Herrschaft. … Der Edle (Weise), der davon erleuchtet ist, zeigt die Größe seines Herzens darin, dass er über seinen Werken steht. Sein Einfluss übt auf alle Wesen eine anziehende Macht aus. Wer so ist, der lässt das Gold verborgen liegen in den Bergen und die Perlen verborgen liegen in der Tiefe. Nicht Güter und Besitz sind ihm Gewinn. Er hält sich fern von Reichtum und Ansehen. Langes Leben ist ihm nicht Grund zur Freude; frühzeitiger Tod ist ihm nicht Grund zur Trauer. Erfolg bedeutet für ihn keine Ehre; Misserfolg bedeutet für ihn keine Schande. … Seine Auszeichnung ist es, dass er erschaut, wie alle Dinge eine Heimat haben und Leben und Tod gemeinsame Zustände sind.«*[110]

Hier wird ein vollendeter Weiser beschrieben. Er hat sich frei gemacht von den Anhaftungen an die Außenwelt. In seinem Geist verknüpft, erschafft, ordnet, nährt und harmonisiert er die Gegensätze, hält die Widersprüche aus, verwirklicht sein Wesen und findet sein höchstes Glück im interesselosen Betrachten der Welt. Auch wenn wir diesen Zustand nicht erreichen – hin und wieder solche Gedanken zu hegen, lehrt uns loszulassen, d.h. gelassener zu werden.

DEMUT

Quelle der Zufriedenheit

Mein Sohn, in Demut ehre dich selbst, beurteile dich, wie du es verdienst. [III]

Der wichtigste Gewinn wahrer Selbsterkenntnis (»*beurteile dich, wie du es verdienst*«) sind Demut und Bescheidenheit. Ebendarauf zielte die Aufforderung »Erkenne dich selbst!«, die in der Eingangshalle des Apollontempels in Delphi zu lesen war: auf die Einsicht in die eigene Unvollkommenheit, Begrenztheit, Sterblichkeit, die Einsicht in die Beschränktheit der Vernunft, in die eigene Unwissenheit. »Bedenke und vergesse es nie, dass du ein Sterblicher bist«, war der Sinn dieser Mahnung. Daraus erwächst eine innere Haltung der Bescheidenheit, der Mäßigung, der Selbstkritik, des Fragens, der Neugier, der Offenheit, des Lernen-Wollens, des Willens zur persönlichen Weiterentwicklung, des Respekts und der Ehrfurcht vor dem anderen, vor dem Größeren, dem Vollkommenen. Eine solche Haltung, maßvoll und angemessen bedacht, macht uns nicht klein, sondern im Gegenteil: Sie lässt uns innerlich wachsen und reifen, lässt uns andere Menschen verstehen, ihre Qualitäten anerkennen und uns daran weiterbilden. Sie gibt uns umgekehrt die Kraft zu verzeihen, verleiht uns Milde und Nachsicht den anderen wie uns selbst gegenüber. Demut und Bescheidenheit sind Zeichen eines großen Charakters und verschaffen ihm Ansehen und Ausstrahlung. Der Ausspruch stammt aus dem Buch **Jesus Sirach** des Alten Testaments.

Wir lernen aus den Worten und Taten unserer Ahnen.

Im »Hagakure«, einem Klassiker über die Philosophie der Samurai, schreibt sein Autor **Yamamoto Tsunetomo**:

> »*Wir lernen aus den Worten und Taten unserer Ahnen, um von ihrem Wissen zu profitieren und Demut zu üben. Wenn wir uns von unseren Vorurteilen lösen, das Wissen der Alten ehren und uns mit unseren Mitmenschen beraten, werden alle Angelegenheiten glatt verlaufen.*«[112]

»Demut« meint das Eingeständnis der eigenen Begrenztheit und die Erkenntnis, dass es bedeutende Menschen gegeben hat, die uns an Geisteskraft und wertvollen Taten überlegen sind. Wir können viel von ihnen lernen, wenn wir uns mit ihrem Leben und Denken befassen. In seiner Autobiografie belehrt uns der bedeutende Schriftsteller, Philosoph und Yogameister Yogananda über einen Ritus der Hindus namens »Pitri-Yajna, eine Opfergabe an die Ahnen. Es handelt sich dabei um eine symbolische Handlung, welche die Dankbarkeit gegenüber den Vorvätern ausdrückt, denn aus ihrer Weisheit zieht die Menschheit heute noch geistige Nahrung.«[113]

Wessen Sinne in Ruhe sind, den beneiden selbst die Götter.

Im Dhammapada, einer Vers-Sammlung mit Aussprüchen des historischen **Buddhas** (Siddhartha Gautama), lesen wir:

> »*Wessen Sinne in Ruhe sind, wie Rosse, wohl gebändigt vom Lenker, wer den Stolz von sich gelegt, alle Unreinheit überwunden hat, den also Vollendeten beneiden die Götter selbst.*«[114]

Buddha benutzt das berühmte Bild eines Wagenlenkers, das wir auch im antiken Griechenland und China antreffen, um die Beruhigung und das Glück der Seele durch Zügelung der Sinne und Begierden zu beschreiben. »*Sinne*« meint hier vor allem unsere Begierden, die nach indischer Auffassung durch die sinnliche Wahrnehmung von begehrenswerten Dingen hervorgerufen werden. Mit »*Stolz*« ist die Überheblichkeit (Hybris) gemeint. Buddha empfiehlt Demut und Bescheidenheit. Ihr Wesen besteht darin, jede Art von Stolz, Hochmut und Überheblichkeit zu überwinden und sich als sterbliches, begrenztes Wesen anzunehmen. Mit der »*Überwindung der Unreinheit*« meint er das Ablegen von Schwächen und Fehlern im Denken, Handeln und Wollen, das Be-reinigen von inneren Widersprüchen und Unstimmigkeiten bei dem, was wir tun, wollen und denken. Was Buddha hier einfordert, heißt – modern gesprochen – Selbstkultivierung, was mit dem klassischen westlichen Bildungsideal durchaus vergleichbar ist. Grundlage solcher Selbstbildung und Persönlichkeitsentwicklung ist eine Haltung des Lernen-Wollens, die der Demut entspringt.

Darum weist er Macht von sich und wählt Demut.

Im Tao-Te-King (Daodejing) des **Laotse**, einem der faszinierendsten, aber auch dunkelsten Texte der altchinesischen Weisheitslehre, heißt es zur Haltung des Weisen (»Berufenen«, »Heiligen«):

> *»Er erkennt sich selbst, aber er will nicht scheinen.*
> *Er liebt sich selbst, aber er sucht nicht Ehre für sich.*
> *Er entfernt das andere und nimmt dieses.«*[115]

Eine andere Übersetzung der letzten Zeile lautet: »*Darum weist er Macht von sich und wählt Demut.*« (Schwarz) Der Weise legt auf äußeren Schein, auf Rang und Stellung in der Gesellschaft, selbst auf die Anerkennung durch andere keinen Wert und bekennt sich zu seiner Geringfügigkeit. Darin zeigt er seine Größe ebenso wie seine Demut. Wertvoll und erstrebenswert ist ihm, zu einem reifen und weisen Menschen heranzuwachsen und dadurch Zufriedenheit und innere Ausgeglichenheit, Mäßigung und Selbstgenügsamkeit zu erlangen.

Siegle deine Worte mit Schweigen und dein Schweigen mit dem rechten Augenblick.[116]

Der Ausspruch wird dem griechischen Philosophen, Dichter und Staatsmann **Solon** zugeschrieben, einem der »*Sieben Weisen*«. Er bringt das Schweigen mit der Kategorie des »*rechten Augenblicks*« (Kairos) in Verbindung. Das antike Weisheitsdenken in West und Ost zog das Schweigen der Äußerung von Halbwissen vor. Man war darüber hinaus der Meinung, dass das meiste »Wissen« der Menschen entweder überhaupt kein Wissen oder allenfalls Halbwissen ist. Im Schweigen drückt sich die Demut des Fragens aus, der Neugier und des Zweifels. Sie ist charakteristisch für den Beginn der Philosophie und des Weisheitsdenkens. Es beginnt mit einem Staunen, mit einer Bewunderung für die Erhabenheit, Größe und Harmonie des Kosmos, angesichts dessen sich der Mensch demütig seine Geringfügigkeit eingesteht. Der Mensch ist nicht das Maß aller Dinge.

Wir vermeiden Fehler, wenn wir auf ein Vorbild schauen und uns schämen.

In einer Sammlung antiker Spruchweisheiten, die im 19. Jahrhundert im Vatikan aufgefunden wurde, findet sich folgende Stelle:

> *»Auf die Frage, wie ein Jüngling am leichtesten Fehler vermeide, erwiderte Zeno: ›Indem er sich die Menschen, die er am meisten verehrt, vor Augen führt und sich schämt.‹«*[117]

An der Originalität und Autorenschaft der einzelnen Sprüche dieser Sammlung bestehen erhebliche Zweifel. Es kann jedoch nicht in Abrede gestellt werden, dass sie inhaltlich zum antiken Weisheitsdenken gehören. So findet sich die zitierte Aussage sinngemäß auch in anderen authentischen Quellen der Antike. Wir können weises Verhalten dadurch einüben und umsetzen, dass wir auf ein Vorbild schauen, ihm in seinen Vorzügen nachstreben und darauf achten, inwieweit wir noch hinter dem Vorbild zurückbleiben. Ob man das damit verbundene Gefühl, an das Vorbild nicht heranzureichen, »*Scham*«, Demut, Ehrfurcht oder Bewunderung nennt, ist sekundär. Wichtig ist, dass eine selbstkritische Haltung angesichts eines bewunderten Vorbilds den Wunsch auslöst, sich persönlich weiterzuentwickeln. Einige Weise des Altertums waren mir in der einen oder anderen Hinsicht Vorbild und sind es bis heute. Das hat mir stets Kraft und Entschlossenheit gegeben, an mir zu arbeiten. Zeno von Kition, der hier gemeint sein dürfte, war der Begründer der Stoa.

Was du Gutes vollbringst, das schreibe den Göttern zu, nicht dir.[118]

Dieser Ausspruch soll von **Bias von Priene** stammen, einem der »Sieben Weisen«, mit deren Sprüchen das Weisheitsdenken im alten Griechenland begann, sieht man einmal von den zahlreichen Sentenzen in den frühen Dichtungen der Griechen ab, etwa bei Homer und Hesiod. Es ist ein wohltuendes mentales Training, Glück und Erfolg nicht (nur) sich selbst zuzuschreiben, sondern in Demut anzuerkennen, dass immer auch »glückliche Umstände« oder ein »glücklicher Zufall« seine Hand mit im Spiel hatte. Es fördert die Bescheidenheit und damit die Freude an den kleinen und großen Glücksfällen des Lebens. Es lenkt unsere Achtsamkeit auf das, was ist und uns Freude bereiten kann, wenn wir verstehen und gelernt haben, uns dem Gegebenen und Gegenwärtigen zu öffnen.

AUFRICHTIGKEIT – AUTHENTIZITÄT

Die Wirbelsäule der Persönlichkeit

Wer wagt es, sich selbst die Wahrheit zu sagen?

Bei **Seneca** lesen wir:

> *»Denn was uns selbst betrifft, das sehen wir immer mit parteiischem Auge an, und Voreingenommenheit schadet immer dem Urteil. Ich glaube, viele hätten zur Weisheit gelangen können, wenn sie nicht geglaubt hätten, sie hätten sie schon erreicht, und wenn sie sich nicht manche Fehler selbst verhehlt hätten, manche auch mit offenen Augen übersehen hätten. Denn man glaube ja nicht, es sei mehr fremde Schmeichelei als unsere eigene, die uns zugrunde richtet. Wer wagt es, sich selbst die Wahrheit zu sagen?«*[119]

Seneca bringt es sehr deutlich auf den Punkt: Unaufrichtigkeit und Selbstbetrug *»richten uns zugrunde«*. Er griff gerne zu starken Formulierungen, um uns zum Umdenken und zu einer Änderung unseres Verhaltens zu bewegen. Schon Sokrates hatte gesagt, sich selbst betrügen sei von allem das Schlimmste. Nach Seneca ist es die Selbstliebe, die Eitelkeit, die »eigene Schmeichelei«, die uns häufig blind machen für unsere Fehler und Schwächen, andererseits aber unsere Stärken und Qualitäten gerne einmal übertreiben. Beides schadet. Das eine verhindert, dass wir uns weiterentwickeln, das andere macht uns überheblich, wobei wir über kurz oder lang scheitern oder schmerzhaft unsere Grenzen aufgezeigt bekommen. Wenn Wirklichkeit und Selbstwahrnehmung auseinanderklaffen, verliert immer die Selbstwahrnehmung.

Keine Freude ist größer, als Aufrichtigkeit zu finden, blickt man sich selbst ins Herz.[120]

Der Ausspruch stammt von dem chinesischen Philosophen **Menzius**. Zuvor heißt es:

»In meinem Herzen bereitet sind alle Dinge.«

In diesem Zitat finden wir neben einer Wertschätzung der Aufrichtigkeit auch andere Aspekte antiker Weisheitslehre, wie etwa das Ziel der Selbsterkenntnis und Selbstgenügsamkeit. In uns finden wir, wonach wir uns wahrhaft sehnen: Ausgeglichenheit, Geborgenheit, Authentizität, Stimmigkeit, Zufriedenheit, Liebe zu den Menschen und anderes mehr. Dem liegt die seinerzeit verbreitete Ansicht zugrunde, dass Glück und Unglück in der eigenen Seele liegen. Das Glück beruht auf einer zutreffenden und gesunden Selbsteinschätzung, Unglück aber entsteht, wenn wir uns etwas vormachen. Wer sich kennt, kann sein Inneres ordnen, lenken, erziehen und pflegen. Wer sich in sich täuscht, gleicht einem Blinden, der in einem Haus, das er nicht kennt, Ordnung schaffen soll.

Gerechtigkeit beachtet, ihr Herrscher, und macht eure Worte gerade.[121]

In diesem Ausspruch des griechischen Dichters **Hesiod** haben wir ein sehr frühes Zeugnis von der Wertschätzung und der Bedeutung der Aufrichtigkeit (»*macht eure Worte gerade*«). Gerechtigkeit, Wahrhaftigkeit, Glaubwürdigkeit und Integrität sind die Qualitäten einer guten Führungskraft. Es ist die Persönlichkeit und das in ihr verkörperte Vorbild, das lenkt und leitet. Wer Wasser predigt und Wein trinkt, dem folgt man nicht. Ungerechtigkeit ist den Menschen unerträglich. Mit dieser Weisheit Hesiods ist es wie mit vielen anderen. Sie sind uralt. Widersprechen wird ihnen keiner – konsequent umzusetzen und danach zu leben vermögen jedoch nur die wenigsten. Reden ist leicht, einsehen schon schwieriger – das Schwierigste von allem aber ist das Handeln.

Mit innerlich Fernstehenden reden, wobei man einem die Verlegenheit am Gesicht ansieht, das ist etwas, worauf ich mich nicht verstehe.[122]

Das Zitat finden wir bei dem chinesischen Philosophen **Menzius**. Er war der bedeutendste Nachfolger des Konfuzius und schrieb ein wichtiges Weisheitsbuch, in dessen Zentrum die Liebe zu den Menschen steht. In ihr sah er den Kern und das Ziel einer gelingenden Entwicklung sowohl der einzelnen Persönlichkeit wie auch der Gesellschaft. Eine der Säulen dieser Lehre aber war die Aufrichtigkeit und Wahrhaftigkeit. Wer kennt die von Menzius beschriebene Situation nicht? Wir führen ein Gespräch mit einer Person, zu der wir keinen Draht finden können. In dem Maße, in dem sie uns fremd bleibt, werden wir uns selbst fremd. Es wird immer ungemütlicher und kälter, und wir beginnen, irgendwelche nichtssagenden Dinge zu äußern. Wir fühlen uns unwohl, weil wir nicht das sagen, was wir wirklich denken. Die Worte kommen nicht aus unserem Innern, sondern aus der Verkaufshalle unserer Seele. Das ist Entfremdung, mangelnde Wahrhaftigkeit. Menzius verstand sich nicht darauf.

Man soll zeigen, dass die Lehre der Lebensweise entspricht.[123]

Diese Forderung an die Philosophen, hier ausgesprochen von dem Griechen **Diogenes** von Sinope, der zeitweise in einer Tonne hauste, war in der griechisch-römischen Antike weit verbreitet. Wessen Lehre nicht mit seinem Leben übereinstimmte, wer verkündete, was er nicht lebte, wer nicht konsequent für seine Werte und Überzeugungen eintrat, der hatte schnell sein Ansehen, seine Glaubwürdigkeit und seine Zuhörerschaft verloren. Diogenes appelliert an die Aufrichtigkeit und fordert eine Übereinstimmung von Denken, Reden und Handeln. Damit benennt er eines der zentralen Probleme der Weisheitslehre und praktischen Philosophie: Wir wissen es besser, aber tun es nicht. Auch dann, wenn sich der Geist aufrafft und zu richtigen Einsichten gelangt, versagen doch allzu oft die Kräfte, um sich gegen Begierde, Behäbigkeit und Bequemlichkeit entscheidend durchzusetzen. Immer wieder siegt die ungezügelte Natur über den Kopf, selten zu unserem Vorteil.

Wer in der Wahrhaftigkeit gründet, dem gelingt es.

Das ist der Sinn folgender Stelle in den Yoga-Sutras des **Patañjali**, auf den alle Yoga-Richtungen zurückgehen:

> »*Wenn man in der Wahrhaftigkeit fest gegründet ist, schafft man eine Grundlage für die Reifung der Taten.*«[124]

Wer in seinem Leben Klarheit gewonnen hat und seine Denk-, Verhaltens- und Strebensgewohnheiten in Übereinstimmung mit seiner Natur und seinem Wesen gebracht hat, der wird das tun, was zu ihm passt und was ihm guttut. Das ist die wahre Aufrichtigkeit und Authentizität. Nach der indischen Karma-Lehre wird jeder für seine Taten nach der inneren Logik ihrer ethischen Qualität entlohnt. Gute Taten aber reifen nur in und aus Wahrhaftigkeit und Klarheit. Handelt jemand aus seinem inneren Wesen heraus, so werden ihm seine Taten gelingen. Über kurz oder lang wird er im Dienste der anderen wie sich selbst deren reiche Früchte ernten. Das ist gemeint mit dem Ausdruck »*Reifung der Taten*«.

Wer nicht aufrichtig ist, besitzt keine wahre Substanz.

In dem chinesischen »**Buch der Riten, Sitten und Gebräuche**«, einem der bedeutendsten Weisheitsbücher der Antike, heißt es:

> *»Wenn bei jemandem Worte und Taten nicht von einer Art sind (nicht übereinstimmen); wenn Ende und Anfang einander widersprechen (mangelnde Konsequenz); wenn Verborgenes und Offenbares sich ändern können (Mangel an Charakter und Haltungen); wenn Äußeres und Inneres nicht übereinstimmen: dann mag er wohl die Regeln (der Güte, Mitmenschlichkeit) heucheln. Wenn man (aber) seinen Wandel sieht, so heißt es: Er hat keine wahrhaftige Substanz.«*[125]

Wer in sich, in seinem Verhalten oder Reden unaufrichtig ist, wem es an Charakter und Prinzipien mangelt, wer sich selbst nicht treu bleibt, der verwässert seine Persönlichkeit und versäumt es, in sich einen stabilen Kern zu entwickeln. Anstatt einen Charakter mit inneren Haltungen stellt er etwas amöbenhaft Formloses dar, das sich ständig verändert, in sich schwankt und keinen inneren Halt zu haben scheint. Ihm fehlt es an *»wahrhaftiger Substanz«*, an Mitte, an Selbst-Sein. Sein Charakter ist flüchtig und zufällig, ein Blatt, das vom Wind hin- und hergetrieben wird. Alle sokratischen Schulen rechneten es dem Meister als eine seiner hervorragendsten Eigenschaften an, dass er sich im Glück und im Unglück immer gleich blieb. Zwar dürfte sich auch Sokrates entwickelt haben, aber organisch aus seiner eigenen Mitte heraus.

LUST

Nicht selten eine zweischneidige Freude

Lust schlägt in Wut um, Wut in Lust.

Bei dem daoistischen Philosophen **Liezi** heißt es:

> *»Denn Lust schlägt sicher in Wut um, und die Wut schlägt immer wieder in Lust um; beides sind keine in sich ruhenden Zustände.«*[126]

Lust ist ein weiter Begriff, der viele Formen der Freude und Bedürfnisbefriedigung einschließt. Die Lust, von der Liezi hier redet, ist eine Lust, die ein Umschlagen in ihr Gegenteil zur Folge hat. Vor solcher Art von Lust haben die Weisen in West und Ost immer wieder gewarnt. Bei jeder Begierde, die du befriedigen willst, achte auf die Folgen, mahnte Epikur. Im alten Griechenland unterschied man zwischen einer »*Lust in der Bewegung*« und einer »*Lust in der Ruhe*«. Liezi scheint vor allem die »*Lust in der Bewegung*« im Blick zu haben, das ungebremste Vergnügen, die ungezügelte Sinnenlust, die Ausschweifung. Gewiss dürfte er nicht eine »*Lust in der Ruhe*« im Auge gehabt haben, die in der stillen Freude besteht, die in der Tiefe der Seele empfunden wird, die erfüllend und dauerhafter ist als die Lust einer momenthaften Bedürfnisbefriedigung.

Die Sinnenlust ganz anders wirkt:
sie ist erst Nektar, Gift am Schluss.

In der **Bhagavadgita** sagt der Gott Krishna zu dem Helden Arjuna (Ardschuna):

»Die Freuden auch, o Bharata (Arjuna),
Sind ihrer Art nach dreierlei:
Die erste sichert Übung nur,
Doch macht von allem Leid sie frei.
Sie, die zu Anfang schmeckt wie Gift
Und später wie Ambrosia,
Die aus der Geistesklarheit quillt,
Ist ›wesenhaft‹, o Ardschuna.
Die Sinnenlust ganz anders wirkt:
Sie ist erst Nektar, Gift am Schluss,
Aus ›Leidenschaft‹ hervorgebracht,
Ist nur vergänglich ihr Genuss.«[127]

Die Freuden der ersten acht Zeilen sind diejenigen, die aus weisem Denken, Wollen und Verhalten entspringen, die ethischen, geistigen, spirituellen wie die Güte, Liebe, Wahrhaftigkeit, Authentizität, Gelassenheit, innere Ausgeglichenheit. Demgegenüber führen sinnliche Freuden häufig zu Leiden und Reue, wo sie etwa im Übermaß, zur falschen Zeit, unkontrolliert oder aus ungezügelter Leidenschaft genossen werden. Gandhi sagte über die Bhagavadgita, einen der bedeutendsten Weisheitstexte Indiens: »*Die Gita ist stets eine Quelle des Trostes gewesen. Wenn ich keinen Lichtstrahl mehr sah, dann schlug ich die Gita auf und fand immer wieder einen Vers, der mich aufrichtete.*«[128]

Genussreicher ist das Brot, wenn das Herz glücklich ist als Reichtum mit Kummer.[129]

Die Worte stammen aus der ägyptischen Lehre des **Amenemope** (um 1100 v. Chr.). Derjenige kann am besten »genießen«, der glücklich und zufrieden mit seinem Leben ist. Erst einmal müssen wir unseren Seelenhaushalt in Ordnung bringen, in uns Harmonie und Ausgeglichenheit herstellen und lernen, mit negativen Emotionen umzugehen, um wirklich ungetrübt und »aus vollem Herzen« genießen zu können. Wahre Genussfähigkeit hat viel mit weiser Lebensführung zu tun. Weiter heißt es in dem Text:

> »*Wirf nicht dein Herz dem Reichtum nach, die Gottheiten des Schicksals und der Ernte lernt jeder kennen, wirf nicht dein Herz nach außen, jeder Mensch hat seine bestimmte Stunde. … Das Schiff des Habgierigen sitzt im Schlamme fest, das Boot des stillen Mannes segelt mit gutem Wind.*«[130]

»*Jeder lernt die Ernte kennen*« meint, dass jedem irgendwann Glück zufällt. Er muss sich nur gedulden und es erkennen und ergreifen, wenn die Zeit gekommen ist. Der Weise entwickelt seine Persönlichkeit und schult diese Fähigkeit zum geduldigen Ausharren. Am Ende lernt er sogar, »Unglück in Glück zu verwandeln« (Konfuzius).

Nur der Weise vermag sich ganz zu freuen.

Der chinesische Philosoph **Menzius**, der bedeutendste Nachfolger des Konfuzius, erzählt folgende Begebenheit:

»Der König stand an seinem Parkweiher und sah den Schwänen und Hirschen zu. Er sprach: ›Hat der Weise auch eine Freude an solchen Dingen?‹ Menzius erwiderte: ›Der Weise erst vermag sich dieser Dinge ganz zu freuen. Ein Unweiser, selbst wenn er sie besitzt, wird ihrer nicht froh.‹«[131]

Weisheit ist Freude, insbesondere die Fähigkeit, sich auch an kleinen Dingen erfreuen zu können. Der Weise besitzt diese Fähigkeit, weil er Frieden mit sich, den anderen Menschen und der Welt geschlossen hat. Genügsam und ohne selbstsüchtiges Wollen ruht er ausgeglichen in sich. Daraus entspringen Offenheit, Präsenz, Sensibilität und Achtsamkeit. Das ist die Geisteshaltung, aus der heraus er seine reinste Freude am bloßen Betrachten der Welt findet (Aristoteles). Tief empfundene Freude aber ist die höchste Lust. Die Vorstellung von einem Weisen, der im interesselosen Betrachten der Welt Glückseligkeit erlangt, ist ein Ideal, das vielleicht keiner von uns erreichen wird. Aber es geht bei einem Ideal weniger darum, es zu erreichen, als vielmehr darum, Orientierung zu erlangen und eine Richtung vorzugeben. Das Ideal weist uns den Weg für die Entwicklung unserer Persönlichkeit. Wir werden nicht weise geboren. Jeder noch so kleine Schritt bringt uns weiter und macht uns zufriedener. Was spielt es da für eine Rolle, wie weit wir am Ende gekommen sind?

Fliehe die Lust, die Unlust gebiert.[132]

Der Ausspruch wird **Solon** zugeschrieben, einem der »Sieben Weisen«. Die »Sieben Weisen« waren eine von der Nachwelt so bezeichnete Gruppe hochstehender Persönlichkeiten der griechischen Antike, die im 7. und 6. Jh. v. Chr. durch ihre Weisheitssprüche bekannt wurden. Häufig wurden sie – wie im Falle Solons – zu politischen Führern bestimmt und lenkten mit ihren weisen Gesetzen und Entscheidungen die Geschicke der Gemeinschaft.

Das kurze Zitat wurde in den verschiedensten Varianten zu einem Kerngedanken des griechischen Weisheitsdenkens: Genieße das Leben, aber so, dass du keinen deiner Genüsse jemals zu bereuen brauchst. Das ist nicht leicht, denn – wie Sokrates einmal bemerkte – Lust und Unlust scheinen wie mit einem Faden an einer Speerspitze zusammengebunden zu sein. Wir können das eine nicht ohne das andere erlangen. Aber auch, wenn das richtig ist, lohnt es sich, diejenigen Lüste zu suchen und zu wählen, die am wenigsten Unlust und Leiden nach sich ziehen. Deshalb war für Platon, Meisterschüler des Sokrates, Lebenskunst eine Art »Messkunst«, für Konfuzius die Kunst von »Maß und Mitte«.

Es ist nicht möglich, lustvoll zu leben, ohne dass man vernunftgemäß, schön und gerecht lebt … noch vernunftgemäß, schön und gerecht, ohne lustvoll zu leben.[133]

Das Zitat stammt von dem griechischen Philosophen **Epikur**. Er formulierte einen sehr eigenen Begriff der »Lust« (griech. »hedone«), der eher unserem Verständnis von Freude, Zufriedenheit, Heiterkeit und innerer Erfüllung entspricht. So konnte er sich für ein »lustbetontes« Leben starkmachen, ohne auf die überlieferte Tugendlehre zu verzichten. Der »Hedonismus«, den man ihm fälschlicherweise nachsagte, bestand für ihn in einem Stückchen Käse und Brot, d.h. in größter Bescheidenheit und Selbstgenügsamkeit. So lebte er auch. Tatsächlich hat er eine überaus fruchtbare praktische Philosophie hinterlassen, die, wie das Zitat zeigt, die überlieferten Weisheiten und ethischen Grundgedanken seiner Vorgänger mit einer lustvollen Lebensführung theoretisch und praktisch in Übereinstimmung brachte. Das hat seine Lehre in allen Epochen der Philosophiegeschichte bis zum heutigen Tag derart attraktiv gemacht.

Die Menschen essen, weil es ihnen Freude macht, aber aus diesem selben Grund mit Essen aufhören, kommt ihnen nicht in den Sinn.[134]

Das Zitat stammt von dem griechischen Philosophen **Diogenes** von Sinope, der zeitweise in einer Tonne lebte. Mit einer ebenso einfachen wie geistreichen Bemerkung weist er auf ein zentrales Thema antiker Lustlehre hin. Wie alles Weisheitsdenken hat es nichts an Aktualität verloren. Schon immer wurde an der Lust Kritik geübt, weil sie gegenüber geistigen Freuden als profan angesehen wurde, weil sie häufig zwiespältig ist und unangenehme Folgen nach sich zieht, die uns die Lust im Nachhinein bereuen lässt. Diogenes macht darauf aufmerksam, dass nicht die Lust selbst schlecht ist, sondern ein kurzsichtiger, unbesonnener Umgang mit ihr, der nicht *»auf das Ende«* sieht, nicht die weiteren Folgen mit einbezieht. Nicht das Genießen ist schlecht, sondern »schlechtes Genießen« zieht die Übel nach sich.

MITMENSCHLICHKEIT

Die Quelle wahren Glücks

Wer sich richtig um sich selbst kümmert, der kümmert sich auch um die anderen.

Der Sklave **Epiktet**, der nach seiner Freilassung zu einem bedeutenden Philosophielehrer wurde, sagte einmal:

> *»Das ist kein Egoismus, sondern jedes lebende Wesen ist so veranlagt: es tut alles um seiner selbst willen. Auch die Sonne tut alles um ihrer selbst willen und ebenso sogar Zeus. … Und so hat er (der Weltenschöpfer) denn allgemein die Natur des vernunftbegabten Wesens so veranlagt, dass es kein Gut für sich selbst erlangen kann, ohne etwas zum allgemeinen Nutzen beizutragen. Auf diese Weise handelt man nicht gegen das allgemeine Interesse, auch wenn man alles um seiner selbst willen tut.«*[135]

Der Sinn dieser etwas gewundenen Rede ist, dass, wenn wir unserer Natur folgen, kein Unterschied besteht zwischen Selbstsorge und Fürsorge für die anderen. Denn nach Epiktet können wir das eine nicht ohne das andere tun. In uns selbst ist ein tiefes Bedürfnis nach praktizierter Humanität, nach Mitmenschlichkeit, nach Resonanz, nach Geborgenheit in der Gemeinschaft, nach einem mitfühlenden und mitschwingenden »Du«. Wir werden keine nachhaltige Zufriedenheit erlangen, ohne die anderen in unsere Fürsorge mit einzubeziehen. Tiefes, inneres Glück existiert nur als geteiltes Glück. Der Weg zum gelingenden Miteinander aber führt über ein gelingendes Verhältnis zu sich selbst. Richtig verstanden, war Individualethik seinerzeit identisch mit sozialer Ethik. Das Glück aller war ihr Ziel.

Er ist zufrieden und gütig.
Darum vermag er Liebe zu üben.

Die Stelle findet sich in einem frühen Kommentar zum »**Buch der Wandlungen**« (I Ging, Yijing), dem ältesten Weisheitsbuch der Menschheit. Dort heißt es im Zusammenhang:

> *»Indem der Mensch dem Himmel und der Erde ähnlich wird, kommt er nicht in Widerspruch mit ihnen. Seine Weisheit umfasst alle Dinge, und sein Dao (der rechte Weg) ordnet die ganze Welt. Darum macht er keinen Fehler. Er wirkt allenthalben, aber er lässt sich nirgends hinreißen. Er freut sich des Himmels und kennt das Schicksal. Darum ist er frei von Sorgen. Er ist zufrieden mit seiner Lage und ist echt in seiner Gütigkeit. Darum vermag er Liebe zu üben.«*[136]

»Dem Himmel und der Erde folgen« ist ein Ausdruck, den wir häufig in altchinesischen Texten finden. Er steht für den »rechten Weg« (Dao, Tao) und bedeutet naturgemäß leben und der eigenen Bestimmung folgen, sich einfügen in den Rhythmus alles Lebendigen, in das Entstehen, Wachsen und Vergehen von allem, in die hin- und herpendelnde Bewegung von Yin und Yang, dem weiblich weichen, ruhenden, dunklen, hervorbringenden Pol und dem männlich harten, treibenden, hellen, befruchtenden Gegenpol. In der dynamischen Spannung zwischen diesen Kräften vollzieht sich das Leben. *»Liebe«* ist nicht nur ein bloßes Gefühl, sondern wird hier verstanden als aktiver Dienst an den Mitmenschen: *»Liebe üben«*.

Der Weise verkörpert das höchste Ideal an Menschlichkeit.

Das war die Auffassung des japanischen konfuzianischen Gelehrten **Yamaga Soko**:

> *»Der Weise verkörpert das Höchste der Menschheit und unterscheidet sich um keinen Deut von den anderen Menschen. Er ist vollendet in allem, was einen Menschen zum Menschen macht, ist über alle Dinge und Geschehnisse bestens im Bilde und lässt sich von ihnen nicht verwirren. Als Persönlichkeit und in seinem Wesen ist er warmherzig, gütig, demütig, bescheiden und aufopferungsvoll.«*[137]

Der Weise verkörpert deshalb das höchste Ideal der Menschlichkeit, weil die Essenz und das Ziel aller Weisheit warmherzige, gütige Menschlichkeit ist. Jedenfalls war dies die allgemeine Ansicht im westlichen wie im fernöstlichen Altertum. Der Weise ist weder ein Heiliger noch ein Gott, sondern bleibt ein Mensch wie jeder andere, dem nichts Menschliches fremd ist. Würde er auch nur die geringste Spur von Überheblichkeit, Einbildung und Dünkel zeigen, wäre er kein Weiser. Vielleicht macht gerade das seine eigentliche Größe und Menschlichkeit aus, dass er bei all seiner Weisheit Mensch bleibt und sich nicht über die anderen erhebt.

Sie sehen sich in einem jeden und einen jeden in sich.

Die Grundlage aller Mitmenschlichkeit ist die Erkenntnis der Gleichheit, also die Einsicht, dass die Menschen bei aller Verschiedenheit im Einzelnen die gleichen Sehnsüchte und Ängste, Wünsche und Hoffnungen, Freuden und Leiden, Unvollkommenheiten, Defizite und Charakterschwächen haben. Die altindische Philosophie ging noch einen Schritt weiter. Ihr bedeutendstes Dogma lautete »Tat tvam asi«: Das bist du! Ihm liegt die Erkenntnis zugrunde, dass in jedem Wesen dasselbe Sein und Leben wirksam ist und dass wir im Grunde alle eins sind. Diese Erkenntnis ist Ausdruck höchster Menschlichkeit. Zu dieser Einsicht in Reflexion und Meditation vorzustoßen, war ihnen Erleuchtung, Rückkehr zum Ursprung, Einkehr in die Geborgenheit, Erlangung vollkommener Gelassenheit und Seelenruhe. Es war ihnen Verwirklichung des eigenen Selbst, des Göttlichen in sich, Überwindung aller leidvollen Emotionen. In den **Upanishaden** lesen wir:

> *»Jene, die das Selbst realisieren, gehen in den Frieden ein, der völlige Selbstbeherrschung und vollkommene Geduld mit sich bringt. Sie sehen sich in einem jeden und einen jeden in sich. Böses kann sie nicht überwinden, denn sie überwinden alles Böse. Sünde kann sie nicht verzehren, denn sie verzehren alle Sünde.«*[138]

In dem Verhalten zu den Nächsten wird die Grundlage für Menschlichkeit geschaffen.

Das 37. Doppelzeichen in dem »**Buch der Wandlungen**« (I Ging, Yijing), dem ältesten Weisheitsbuch, das wir haben, steht für die familiäre Gemeinschaft (»*Sippe*«). Das obere Zeichen ist das Sanfte, der Wind, das untere Zeichen das Haftende, das Feuer. Das Urteil zu diesem Zeichen lautet knapp und sibyllinisch wie alles in diesem Buch: »*Die Sippe. Fördernd ist die Beharrlichkeit der Frau.*«

Der Übersetzer Richard Wilhelm kommentiert die Stelle so: »*Die Sippe ist die Keimzelle der Gesellschaft, der Naturboden, auf dem die Ausübung der moralischen Pflichten durch natürliche Zuneigung erleichtert wird, sodass im engen Kreis die Grundlage geschaffen wird, von der sie dann auf die menschlichen Beziehungen im Allgemeinen übertragen werden.*«[139]

Besonders in der altchinesischen Weisheitsliteratur wird häufig darauf hingewiesen, dass die in einer Gesellschaft gelebte Menschlichkeit stark davon abhängt, inwieweit die Menschen, insbesondere in der frühkindlichen Phase, Liebe, Geborgenheit, Zugewandtheit und Sicherheit erfahren haben. Vielleicht deutet die Formulierung »*Fördernd ist die Beharrlichkeit der Frau*« darauf hin, welch große Bedeutung der mütterlichen Liebe in diesem Zusammenhang zukommt. Die erste und stärkste Prägung, die wir erfahren, ist die tragende, wärmende, schützende und versorgende Geborgenheit, die wir als Embryo im Mutterleib erleben. Schon die vielen Formulierungen mit »Schoß« deuten darauf hin: Im Schoß der Natur, der Familie, der Mutter etc.

Besitzen wir nicht von Natur aus so etwas wie Treue, Liebe, Hilfsbereitschaft und Geduld gegeneinander?[140]

Diese rhetorische Frage stellt der ehemalige Sklave und spätere Philosophielehrer **Epiktet**. Kurz darauf gibt er einen beherzigenswerten Ratschlag im Umgang mit anderen Menschen:

> *»Ein böser Nachbar? Doch nur sich selbst; aber mir ein guter! Übt er mich doch in der Gelassenheit und Nachgiebigkeit. Ein schlechter Vater? Doch nur sich selbst, aber mir zum Heil! Das ist der Zauberstab des Hermes: ›Berühre damit, was du willst, und es wird zu Gold!‹ Nein, aber bring mir, was du willst, und ich werde es zum Guten zu wenden wissen.«*[141]

Der »*Zauberstab des Hermes*«, von dem Epiktet spricht, hat viele Namen: die eigenen Vorstellungen, das eigene Denken und Bewerten, die Lebensanschauung und die Weisheit, zu der wir gelangt sind. Nicht die Dinge, Ereignisse oder Menschen sind schlecht, sondern wir machen sie mit unseren Vorstellungen und Bewertungen dazu. Diese Bewertungen rufen bei uns Gefühle hervor; schlechte Bewertungen führen zu negativen und belastenden Gefühlen, gute zu positiven. Gerade im zwischenmenschlichen Bereich sollten wir uns dessen stets bewusst sein und den Menschen mit Milde, Zugewandtheit, Verständnis und Liebe begegnen.

Meditieren wir über die Menschlichkeit, so werden wir stark.

Das dürfte der Sinn folgender Stelle in den Yoga-Sutras des **Patañjali** sein, der grundlegenden Schrift aller Yoga-Richtungen:

> *»Wendet man die Sammlung (Meditation) auf Liebe hin (Mitleid, Heiterkeit und Gleichmut), so erlangt man die (seelischen) Kräfte.«*[142]

Wir erkennen schon in dieser frühen Schrift, dass Yoga keineswegs nur eine Meditations-, Gesundheits- und Erleuchtungspraxis war, sondern auch eine starke soziale Komponente hatte. Denn mit »Liebe« dürfte hier die mitfühlende Zugewandtheit anderen Menschen gegenüber gemeint sein. Wie nahezu alle antiken Philosophien ist der Yoga bei aller Selbstkultivierung auch darauf gerichtet, das Miteinander der Menschen zu befrieden und zu bereichern. Dies ist ein wichtiger Teil der Selbstkultivierung. Streit, Feindschaft, Aggression, Gewalt sind dem Yoga wie großen Teilen der altindischen Philosophie und nahezu allen Weisheitslehren fremd. Auseinandersetzungen in der Sache aber fördern die Erkenntnis, gestalten die Welt, erfüllen den persönlichen Lebensweg und sind notwendig für eine weise Lebenspraxis. Streng davon zu trennen ist jede Form von Angriff auf die Person eines anderen. Solcher Angriffe enthält sich der Weise.

ÜBERHEBLICHKEIT – HYBRIS

Anfang vom Ende

Drum erhebe sich nimmer ein Mensch und frevele nimmer; sondern genieße, was ihm die Götter bescheren, in Demut!

Wie keine andere alte Kultur prangerten die Griechen die Hybris (Übermut, Anmaßung, Überheblichkeit) als etwas an, das einer weisen Lebensführung entgegensteht und mit Naturnotwendigkeit im Unglück endet. Umgekehrt führt eine Haltung der Bescheidenheit, Demut und Dankbarkeit dazu, dass wir uns auch an den kleinen Dingen des Lebens erfreuen können. Eine solche Haltung ist von grundlegender Bedeutung für ein erfülltes und glückliches Leben. Das Zitat stammt von **Homer**. Im Zusammenhang:

> *(Odysseus) »Siehe, kein Wesen ist so eitel und unbeständig*
> *Als der Mensch, von allem, was lebt und webet auf Erden.*
> *Denn solange die Götter ihm Heil und blühende Jugend*
> *Schenken, trotzt er und wähnt, ihn treffe nimmer ein Unglück.*
> *Aber züchtigen ihn die seligen Götter mit Trübsal,*
> *Dann erträgt er sein Leiden mit Ungeduld und Verzweiflung.*
> *Denn wie die Tage sich ändern, die Gott vom Himmel uns sendet,*
> *Ändert sich auch das Herz der Erde bewohnenden Menschen.*
> *Siehe, ich selber war einst ein glücklicher Mann, und verübte*
> *Viel Unarten, vom Trotz und Übermute verleitet,*
> *Weil mein Vater mich schützte und meine mächtigen Brüder.*
> *Drum erhebe sich nimmer ein Mann und frevele nimmer;*
> *Sondern genieße, was ihm die Götter bescheren, in Demut!«*[143]

Der Weise kennt keinen Hochmut. Er kennt nur das Bestreben, besser zu werden.

Das ist der Sinn folgender Passage aus dem »**Buch der Riten, Sitten und Gebräuche**« (Liji, Li Gi):

> »*Der Weise kennt, wenn er etwas studiert, nur die Sorge, es möchte nicht umfassend genug sein. Wenn er umfassende Kenntnis hat, kennt er nur die Sorge, er könne sie nicht üben. Wenn er sie geübt hat, kennt er nur die Sorge, er möchte es nicht verstehen. Wenn er versteht, kennt er nur die Sorge, er möchte das nicht ausführen können. Wenn er Gelegenheit hat, es auszuführen, legt er Wert darauf, bescheiden zu sein. Des Weisen Bildung beschäftigt sich mit diesen fünf Dingen. Darin ist alles enthalten.*«[144]

Eine beeindruckende Beschreibung für das, was man als den »Weg der Weisheit« bezeichnen könnte, ist das Konfuzianische Konzept für die Bildung und Entwicklung der eigenen Persönlichkeit. Es gehört zu den wirkmächtigsten, die je gedacht wurden. Sorge meint hier nicht das negative Gefühl drückender Belastung oder ständiger Selbstüberwachung und -disziplinierung, sondern das Umsorgen, das »für etwas Sorge tragen«, ein »Bestreben« oder »Wünschen«. Nach chinesischer Vorstellung wahrt der Weise eine Grundstimmung heiterer Gelassenheit. Konfuzius galt als ein in sich ruhender, milder und sanfter Lehrer, dem jede Übertreibung fremd war, auch bei der Selbstkultivierung.

Zeus, misch dem Guten auch ein Unglück bei!

Als Philosoph, der keinen geringeren Lehrer hatte als Aristoteles, wusste **Alexander der Große** um die Ungewissheit des Schicksals. Daher äußerte er einmal, als ihm zahlreiche Erfolge gemeldet wurden: »*Zeus, misch dem Guten auch ein Unglück bei!*« Der uns diese Anekdote übermittelt, fügt hinzu: »*Mit so viel Verstand wusste Alexander sich vor dem Siegesrausch zu hüten.*« Das Zitat stammt aus einem vermeintlichen Brief des griechischen Philosophen Antisthenes an Perikles.[145] Auch wenn der Brief unecht ist, so datiert er gewiss aus der Antike und drückt einen damals weitverbreiteten Gedanken aus. Einem Übermaß an Glück standen die alten Griechen sehr skeptisch gegenüber. Sie wussten, dass darauf meistens ein tiefer Fall, ein heftiger Wechsel, dass auf eine glückliche Periode eine unglückliche folgen wird. Auch Alexander sollte das in der Folge zu spüren bekommen. Zwar eroberte er ein unermessliches Reich. Doch der Feldzug war zeitweise mit unerträglichen Strapazen und einer sehr hohen Zahl an menschlichen Verlusten verbunden. Er selbst starb noch vor der Rückkehr in seine Heimat mit 33 Jahren.

Erkenn den Rhythmus, der im Menschenleben herrscht!

Der frühe griechische Lyriker und Krieger **Archilochos** dichtete:

> »*Wenn du Sieg gewonnen, jauchze nicht vor aller Welt es aus,*
> *Und verlorst du, winsle nicht zu Haus und wirf dich in den Staub!*
> *Weder freu dich in der Freude, noch zergräme dich im Leid*
> *Übermäßig und vergiss nicht, welchen Takt das Leben hält!*«[146]

Wer weiß, dass das Leben wie alle Natur seinen Rhythmus hat mit lebhaften, produktiven, blühenden, glücklichen Zeiten, die gefolgt werden von unfruchtbaren, lähmenden, starren, traurigen Zeiten, der lässt sich durch kein Glück zur Überheblichkeit verführen. Er bleibt ruhig im Erfolg und ruhig im Misserfolg. Das bedeutet nicht, dass er sich nicht freuen kann oder unfähig wäre zu trauern. Aber er lässt sich von solchen Affekten nicht hinreißen, wahrt seine Mitte und bleibt gelassen in der Geborgenheit seines Innern. Der vorangestellte Satz ist eine andere Übersetzung der letzten Zeile dieser Verse.[147]

Die Philosophie verdrängt die auf bloßem Schein beruhende Einbildung.

Von dem bedeutenden Stoiker **Poseidonios** sind folgende Sätze überliefert:

> *»Die Philosophie ist aber auch Lebenskünstlerin … Ihr Ziel ist ein Zustand des Glückes. Dahin führt sie, dahin bahnt sie den Weg … Die auf ihrem Schein beruhende Einbildung verdrängt sie und lässt keine Unwissenheit zu über den Unterschied zwischen dem, was groß und was hochmütig ist.«*[148]

Mit der *»auf Schein beruhenden Einbildung«* ist die Überheblichkeit (Hybris) gemeint. Sie übersteigert das Selbstwertgefühl und die Beurteilung der eigenen Fähigkeiten. Sie blendet die eigenen Schwächen und Defizite aus. Sie kennt folglich keinerlei Bemühen, diese zu überwinden oder zu verringern. Die Persönlichkeit entwickelt sich nicht weiter. Das rächt sich irgendwann, wenn die Realität ihr Recht einfordert und dem Überheblichen seine Grenzen aufzeigt. Sich selbst betrügen, ist von allem das Schlimmste, meinte Sokrates.

Erhebe dich nie über andere Menschen!

Der chinesische Philosoph **Zhuangzi** erzählt ein bizarres Gleichnis über den hochmütigen Stolz auf die eigene Geschicklichkeit:

> *Der König Wu »erstieg den Affenberg. Als die Affen ihn sahen, erschraken sie, ließen alles liegen und flohen und versteckten sich im dichten Gestrüpp. Nur ein Affe war da, der war ganz unbekümmert, kletterte umher und zeigte dem König seine Geschicklichkeit. Der König schoss nach ihm, aber mit einer geschickten Bewegung ergriff der Affe den schnellen Pfeil. Da befahl der König seinen Dienern, ihn mit Pfeilen zu überschütten, und das Ergebnis war, dass der Affe totgeschossen wurde … ›Dieser Affe brüstete sich mit seiner Geschicklichkeit und verließ sich auf seine Gewandtheit und glaubte, mich verhöhnen zu können. Darum ist dieses Unheil über ihn gekommen. Lass dir's zur Warnung dienen: Erhebe dich nie um äußerer Dinge willen über andere Menschen!‹«*[149]

Sehen wir einmal davon ab, dass uns der arme Affe leidtut, und schauen auf die »Moral der Geschichte«: Wer sich auf seine Fähigkeiten etwas einbildet, wer damit prahlt und andere vorführen will, der wird scheitern. Nach Zhuangzi ist das Verwerfliche an einer solchen Haltung, dass man sich besser vorkommt als andere und dass man sich damit über die anderen stellt. Hinter der Verurteilung dieser Haltung steht die Einsicht, dass niemand besser ist als der andere. Sie ist die Wurzel aller Humanität.

Sinne nicht über den menschlichen Horizont hinaus.

Diese Empfehlung gab der griechische Philosoph **Diogenes** von Sinope in einem Brief an Agesilaos:

> *»Der herkömmliche Götterglaube übersteigt das menschliche Fassungsvermögen. Nur eines weiß ich, und das steht fest: Auf Entstehen folgt Vernichtung. Weil mir das klar ist, blase ich die leeren Hoffnungen, die wir uns über diesen armseligen Körper machen, weg, dass sie nur so fliegen, und ermahne dich, nicht über den menschlichen Horizont hinaus zu sinnen.«*[150]

In guter griechischer Tradition wird die Warnung vor Hybris in Form von Wissensdünkel und Scheinwissen aus der Vergänglichkeit des Menschen und der natürlichen Begrenztheit seiner Fähigkeiten hergeleitet. Nur einen kleinen Bruchteil von dem, was der Mensch wissen kann, weiß er. Diogenes meint darüber hinaus, dass der herkömmliche Götterglaube, wo er sich als ein *Wissen* darstellt, die Grenzen menschlicher Erkenntnismöglichkeiten überschreitet. Hier ist nicht die Vernunft oder die verstandesmäßige Einsicht, sondern der Glaube gefragt.

GELASSENHEIT – DULDSAMKEIT

Die Grundstimmung eines
gelingenden Lebens

Halte denn aus, mein Herz, auch in unerträglichen Leiden!

»… Nur des Feigen Gemüt regt sich in Leidenschaft auf.
Weißt du dir nicht mehr zu helfen, so mehre das Leid nicht durch Grämen
Noch durch Klagen! Dem Freund machst du nur Kummer, dem Feind
Aber bereitest du Freude. Dem götterverhängten Geschicke
Wird ein sterblicher Mensch schwerlich auf Erden entflieh'n,
Nicht wenn er niedergetaucht in die Tiefe des purpurnen Meeres,
Nicht wenn Tartarus ihn schützend mit Dunkel umhüllt.«[151]

Die Verse stammen von dem frühen griechischen Dichter **Theognis** von Megara, der wegen seiner Spruchweisheiten Berühmtheit erlangte. Wo wir nichts ändern können, sagt er, da lohnt es nicht zu jammern oder sich aufzuregen. Damit schütten wir nur Öl ins Feuer unseres Leidens. Mit ruhigem Gemüt zu dulden, was wir nicht ändern können, war den Griechen eine wichtige Tugend, die des »Tragen-Könnens«. Gleich am Anfang der Verse wird ausgesprochen, dass diese Tugend eng verwandt ist mit der Tapferkeit, dem beherzten und furchtlosen Annehmen eines körperlichen oder seelischen Schmerzes oder einer Last, des Unausweichlichen, dem Überwinden von Ängsten, dem aufrechten und standhaften Beharren im Sturm des Lebens. »Tartarus« ist der tiefstliegende Teil der Unterwelt.

Gott ist es, der dem Weisen Geduld verleiht im Unglück.

Aus dem alten **Ägypten** sind uns folgende Worte überliefert:

»Lass die Sorge nicht überhandnehmen, damit du nicht verstört wirst.
Wenn das Herz um seinen Besitzer (zu sehr) besorgt ist, dann schafft es ihm Krankheit.
Wenn (zu große) Sorge aufkommt, sucht das Herz selbst seinen Tod.
Gott ist es, der dem Weisen Geduld verleiht im Unglück.
Der Gottlose, der Gott vergessen hat, stirbt an Herzenstrübsal.
Eine kurze Zeit des Unglücks ist im Herzen des Ungeduldigen wie eine lange Zeit.«[152]

Interessanterweise war das »*Herz*« bei den Ägyptern der Sitz sowohl der Gefühle wie auch der Vernunft und des Denkens. Emotionen und Intellekt sind demnach miteinander verbunden, wie bei der Intuition, die sich aus Gefühl, Erfahrung und Einsicht zusammensetzt. Ebenso verhält es sich mit der Lebensweisheit. Sie ist Wissen und Können, sie ist leibgewordenes Wissen. Unsere Gefühle und Empfindungen werden durch unsere Einsicht und unsere Haltungen maßgeblich bestimmt. Wegen dieser engen somatischen Verbindung hat unsere seelische Verfassung großen Einfluss auf unsere Gesundheit sowie auf das Entstehen und die Entwicklung von körperlichen Krankheiten bzw. auf die Bewahrung der Gesundheit. Auch das scheinen die alten Ägypter bereits gewusst zu haben, wie es die zweite Zeile nahelegt. »Gott« kann hier auch verstanden werden als Weisheit, Wahrheit, Einsicht oder Geist.

Wir gehen und wissen nicht, wohin, wir bleiben und wissen nicht, wo.

Der Ausspruch stammt von dem chinesischen Philosophen **Liezi** und lautet im Zusammenhang:

> *»Dscheng sprach: ›Nicht einmal dein Leib ist dein Eigentum, wie willst du da den Sinn (Dao, der rechte Weg) zum Eigentum dir machen?‹ Schun sprach: ›Wenn mein Leib nicht mein Eigentum ist, wessen Eigentum ist er denn dann?‹ Jener sprach: ›Er ist die Form, die Himmel und Erde dir zugeteilt. Dein Leben ist nicht dein Eigen, es ist das Gleichgewicht der Kräfte, das Himmel und Erde dir zugeteilt. Deine Natur und dein Schicksal sind nicht dein Eigen, sie sind der Lauf, den Himmel und Erde dir zugeteilt. Deine Söhne und Enkel sind nicht dein Eigen, sie sind die Überbleibsel, die Himmel und Erde dir zugeteilt. Darum: Wir gehen und wissen nicht, wohin, wir bleiben und wissen nicht, wo …«*[153]

Wörtlich steht für »*Überbleibsel*«: »*abgeworfene Larvenhaut*«. Die Passage drückt eine fundamentale Erkenntnis antiken Weisheitswissens aus: dass der Mensch hineingeworfen ist in Umstände und Geschehensabläufe, die er nur zu einem geringen Teil beherrscht und mitgestaltet. Das meiste ist für ihn unverfügbar und unabänderlich. Mit der Welt Frieden schließen bedeutet daher, das, was wir nicht ändern können, duldsam und gelassen anzunehmen, sich einzufügen in den Lauf der Dinge (Dao, der rechte Weg) und das Beste daraus zu machen. Eine solche innere Haltung erlangen wir, wenn wir nichts Äußeres als unverbrüchlich ansehen.

Es gibt nichts, was Hoffnung oder Furcht verdient, weil doch alles einmal aufhören wird.

Das war die Meinung des griechischen Weisen **Demonax**, der in Athen lebte. In einem überlieferten Dialog heißt es:

»(Demonax) ›Meiner Meinung nach ist glücklich, wer weder Hoffnung noch Furcht kennt.‹ Der andere: ›Aber wie kann das sein? Wir alle sind doch mehr oder weniger Sklaven dieser Gefühle.‹ – ›Ja‹, sagte Demonax, ›aber wenn du dir genau anschaust, was im menschlichen Bereich vor sich geht, ist nichts zu finden, was Hoffnung oder Furcht verdient, weil doch alles Unangenehme und Angenehme einmal aufhören wird.‹«[154]

Es ist die Einsicht in den Wandel und die Vergänglichkeit von allen Dingen, Verhältnissen, Zuständen und Gefühlen, guten wie schlechten, die dazu beitragen kann, duldsamer und gelassener zu werden. Weisheit konzentriert sich auf die inneren Werte und Güter und relativiert so die äußeren. Dadurch werden wir innerlich unabhängig vom äußeren Geschehen, von äußeren Verhältnissen und Bindungen an Menschen. Wir klammern uns nicht an die Hoffnung auf den Eintritt oder Nichteintritt bestimmter Ereignisse. Dadurch entwickeln wir weniger Ängste. Wir leben mehr im Hier und Jetzt und erfreuen uns am Vorhandenen. Wir können uns Dinge wünschen, bewahren aber Gleichmut und unsere gute Laune, auch wenn die Erfüllung der Wünsche ausbleibt. Wir machen unser Glück nicht abhängig von der Erfüllung unserer Wünsche. Im Wünschen sind wir zugleich wunschlos glücklich.

Beachte ihn nicht, dann straft er sich selbst.[155]

Dieser Ratschlag stammt aus der »**Lehre des Ptahhotep**«, einem alten ägyptischen Weisheitstext aus der Zeit um 2350 v. Chr. Ptahhotep empfiehlt das besagte Verhalten seinem Sohn für den Fall, dass er auf einen aggressiven Gesprächspartner trifft. Der Weise bleibt gelassen, auch wenn er beleidigt wird. Er ruht in sich und weiß, dass sein Selbst nicht durch verletzende Worte beeinträchtigt werden kann. Gefühle verletzter Eitelkeit erkennt er als eigene Schwäche und versucht, sie zu überwinden. Er weiß, dass sich in der Aggression des anderen nichts anderes ausdrückt als ein Mangel an Persönlichkeit und Weisheit, als ungelöste seelische Konflikte, unverarbeitete negative Emotionen, Unwissenheit und Unfähigkeit, mit diesen Emotionen und Konflikten umzugehen. Durch die Aggression schadet sich der Aggressor selbst am meisten. Wer auf solche Angriffe verletzt, zornig oder selbst aggressiv reagiert, zeigt nur, dass er seine Persönlichkeit noch nicht weit genug entwickelt hat. Er hat noch »keinen großen Charakter«, wie Seneca es formulierte. Hätte er diesen, würde der Angriff wirkungslos an seiner inneren Burg verpuffen. Er würde es unbeeindruckt erdulden in heiterer Gelassenheit. »Was stört es den Mond, wenn der Hund ihn anbellt«, sagt ein altes Sprichwort.

Von dem, was ist, hat Gott das eine in unsere Hand gegeben, das andere nicht.

Der römische Philosoph und Stoiker **Musonius Rufus**, von dem die Worte stammen, fährt fort:

> *»In unsere Hand hat er das Schönste und Wichtigste gelegt, was auch seine eigene Seligkeit ausmacht, den Gebrauch der Vorstellungen. Denn darin besteht, wenn er recht gehandhabt wird, die Freiheit, der schöne Fluss des Lebens, der Seelenfrieden, das Wohlbefinden, darin aber auch Gesetz und Recht, Selbstbeherrschung und die gesamte Tugend … sollen nun nicht auch wir … das, was in unsere Hand gegeben ist, uns auf jede Weise anzueignen suchen, dagegen das, was nicht in unserer Hand liegt, der Weltordnung anheimstellen und es willig ihr überlassen, mag es sich nun um unsere Kinder, um unser Vaterland, um unser Leben oder was immer handeln?«*[156]

Das Schicksal können wir nicht ändern, was es aber mit uns macht und welche Gefühle es in uns hervorruft, das hängt davon ab, wie wir es gedanklich verarbeiten, in unser Weltverständnis einordnen und bewerten. Deshalb sind unsere Vorstellungen, die wir mit den Dingen, Menschen und Geschehnissen verbinden, nach Musonius der Schlüssel zur inneren Ruhe und Gelassenheit. Wir können stets die Perspektive ändern und eine neue, optimistischere Sicht auf die Dinge gewinnen. Manches verwandelt sich so zum Guten oder zu einer Chance und ruft dann andere, positivere Gefühle hervor, als eine unreflektierte Wahrnehmung es tun würde. Manches sieht nur so aus wie ein Unglück und stellt sich später als ein Segen heraus.

Denn die Erkenntnisse, in seinem Inneren gewonnen, lassen den Weisen äußere Dinge leichtnehmen.

Der chinesische Philosoph **Xunzi,** von dem die Worte stammen, fährt fort:

> *»So heißt es nach einem alten Wort: Der edle Mensch (Weise) herrscht über die Dinge; der Niedriggesinnte wird von ihnen beherrscht.«*[157]

Durch die Bedeutung, die wir den Dingen in unserem Denken, Vorstellen und Werten verleihen, geben oder nehmen wir ihnen die Macht über uns und unser Wohlbefinden. Zu allen äußeren Verhältnissen sagt der Stoiker: Es geht mich nichts an. Sein Inneres, seine Werte, Tugenden und Haltungen hält er für das einzig wertvolle Gut. Über das aber bestimmt er allein. So hat das Äußere keine Macht über ihn. Eine solche Einstellung verleiht dem Weisen eine große Gelassenheit, die berühmte »stoische Seelenruhe«. Das dürfte auch der Gedanke Xunzis sein. Die Wirkung, die ein Schicksalsschlag und jedes äußere Ereignis auf uns hat, können wir maßgeblich beeinflussen. Wir sind ihm keineswegs schutzlos ausgeliefert. So werden wir Herr über die Dinge und über unser Schicksal. Jene aber, die starre Meinungen, Werte und Vorstellungen über die Welt haben, von diesen nicht lassen und keine neue Perspektive entwickeln können, sind dem Schicksal ausgeliefert.

VERDINGLICHUNG

Wenn die Lebendigkeit verloren geht

Wer viel besitzt, darf sich von seinem Besitz nicht zum Ding machen lassen.

Das ist der Sinn folgender Stelle bei dem chinesischen Philosophen **Zhuangzi**:

> »*Wer ein Land besitzt, besitzt ein gewaltiges Ding. Der Besitzer eines so gewaltigen Dinges jedoch darf sich nicht von den Dingen zum Ding machen lassen. Lässt er sich nicht zum Ding machen, so vermag er jedes Ding nach seiner Dinglichkeit Ding sein zu lassen.*«[158]

Das antike Weisheitsdenken in Ost und West hat stets davor gewarnt, dass wir uns an unseren Besitz klammern. Dies führe am Ende dazu, dass wir uns mit ihm identifizieren. Die Seele nimmt die Farbe von dem an, was im Denken herrscht. Herrscht das »Mein«, identifizieren wir uns immer mehr mit unserem Besitz und verlieren am Ende unsere Lebendigkeit. Wir werden selbst zu einem Ding auf Kosten unseres inneren Reichtums und unserer Potenziale und Anlagen, die noch darauf warten, geweckt und ausgelebt zu werden. Der letzte Satz des Zitats bezeichnet die Fähigkeit, die Welt im Kleinen wie im Großen so sein zu lassen, wie sie ist, ohne sie nach den eigenen Vorstellungen umgestalten, festlegen oder besitzen zu wollen. Wir nennen diese Fähigkeit Gelassenheit. Das bedeutet nicht, dass wir nicht unsere unmittelbare Lebenswelt und Verhältnisse gemäß unserem Wesen und unserer Bestimmung mitgestalten und formen sollen. Aber wir tun dies unter Wahrung und in Respekt allen anderen Wesen gegenüber und ohne die Natur und unsere Umwelt zu zerstören.

Die Ungebildeten wandeln unter den Gebildeten wie die Toten unter den Lebenden.[159]

Echte Bildung, Verstehen, Wissen und Weisheit machen lebendig – Unwissenheit erstickt Lebendigkeit. Nur der Wache, der Achtsame lebt wirklich – Dumpfheit und Ignoranz machen hölzern, spröde, unflexibel, die Gefühle werden kalt und starr, Denken und Sein werden verdinglicht. Solche Menschen gehen an den Tiefen des Lebens und seinen wahren Freuden ebenso achtlos vorbei wie an der Dynamik des Lebendigen, dem Unverfügbaren und Überraschenden. »*Ungebildet*« dürfte hier im Sinne von unwissend-ignorant zu verstehen sein, hat aber nichts mit dem Grad der Schulbildung zu tun. Weisheit finden wir in allen Bildungsschichten. Auch unbelesene Menschen können sehr weise sein. Belesenheit und Gelehrtheit umgekehrt sind keinesfalls Garanten dafür, dass sich solche Menschen auch weise verhalten. Das wusste auch schon das Altertum. Der Ausspruch soll von **Aristoteles** stammen und findet sich in einer Spruchsammlung, die Ende des 19. Jahrhunderts im Vatikan entdeckt wurde.

Das Weiche siegt über das Harte.
Das Schwache siegt über das Starke.[160]

Gleich mehrfach findet sich dieser Ausspruch im Daodejing (Tao-Te-King) des **Laotse** wie auch in anderen Quellen der »daoistischen« Literatur, einer der Hauptströmungen der altchinesischen Weisheitslehre. Wenn wir »erfolgreich« leben wollen (in unserem Kontext: ein erfülltes und zufriedenes Leben führen), dann sollten wir uns geschmeidig in jede Lebenslage einfügen können; nicht unter Preisgabe unserer Authentizität, Überzeugungen, Werte und Haltungen, sondern zum Zwecke ihrer größtmöglichen Wirksamkeit. Das altgriechische Wort für »weise« (sophós; daher »Philo-sophie«, Liebe zur Weisheit) steht ursprünglich für praktische Meisterschaft und heißt auch »geschickt, wendig«, nämlich sich gewandt in sein Geschick fügen. Wir leben in kontinuierlichen Veränderungsprozessen. Wir sollten darauf reagieren und unsere Persönlichkeit den Umständen anpassen unter Wahrung von festen inneren Haltungen und Werten: weich im Äußeren, stabil im Innern, mitschwingen im Rhythmus dynamischer Lebendigkeit. Nach dem Soziologen Hartmut Rosa beruht gelingendes Leben wesentlich auf der Fähigkeit zu solchem Mitschwingen (»Resonanz«) in »Resonanzachsen«, d. h. in Beziehungen zwischen Menschen oder von Menschen zu Dingen, Verhältnissen und Lebensbereichen (Familie, Arbeit, Kunst, Religion, Politik). Resonanz setzt die Bereitschaft voraus, sich bewegen, anrühren, anrufen und dadurch verändern zu lassen sowie seinerseits etwas oder jemanden zu bewegen, anzurühren und zu verändern.

Wer nur für seinen Besitz sorgt, wird zu Stein.

Bei dem griechischen Dichter **Phönix** von Kolophon lesen wir über die verdinglichende Wirkung des Besitzstrebens folgende Verse:

»... Reichtum ist kein Segen
Für viele Menschen. Keinem sollt – beim Zeus!
Das Schicksal mehr je in die Hände legen,
Als mit Verstand er zu gebrauchen weiß. ...
Die Seele geht leer aus bei all der Pracht ...
Jawohl: Für Holz und Stein sorgt er allein (der reiche Mann),
Und so – zur Strafe – wird er selbst zum Stein.«[161]

Reichtum und Besitz führen häufig, wenn auch nicht zwangsläufig, zu einer Erstarrung des Seelenlebens und zur inneren Leere. Ob es dazu kommt, hängt von ihrem Gebrauch ab und von den inneren Haltungen, die wir ihnen gegenüber einnehmen. Besitzen wir, ohne selbst »besessen« zu werden, bleiben wir also innerlich unabhängig und selbstgenügsam, konzentrieren wir uns vor allem auf die Pflege und Kultivierung unseres Inneren, so bewahren wir uns jene Lebendigkeit, die unserer bewegten und vergänglichen Natur entspricht. Wir lassen uns weder durch Besitz und Reichtum noch durch gesellschaftliche Stellung oder durch Ansehen vereinnahmen und auf etwas festlegen, das wir nicht sind und das uns bindet. Die Zeilen drei und vier des Zitats erinnern an einen Ausspruch von Sokrates, der die Götter einmal darum bat, ihm »an Goldes Last nur so viel zuteilwerden zu lassen, als ein Verständiger zu heben und zu tragen vermöchte«.[162]

Das starre Stehenbleiben beim Hergebrachten hat Verderben zur Folge.

Im chinesischen »**Buch der Wandlungen**« (I Ging, Yijing), dem ältesten überlieferten Weisheitsbuch der Menschheit, heißt es zum 18. Zeichen (»Gu« – Arbeit am Verdorbenen oder Vergeltung) in einer Verkürzung und Verdichtung, die typisch ist für das I Ging:

»Anfangs eine Sechs bedeutet:
Zurechtbringen des vom Vater Verdorbenen.
Wenn ein Sohn da ist,
bleibt auf dem heimgegangenen Vater kein Makel.
Gefahr. Schließlich Heil.«

Der Übersetzer Richard Wilhelm kommentiert die Stelle: *»Das starre Stehenbleiben beim Hergebrachten hat Verderben zur Folge gehabt. Aber das Verderben ist noch nicht tief eingewurzelt, darum kann es noch leicht gebessert werden. Es ist, wie wenn ein Sohn das Verderben, das unter seinem Vater sich eingeschlichen hat, ausgleicht.«*[163] Auch ein starres Festhalten am Herkömmlichen ist eine Form der Verdinglichung. Das Beispiel Vater-Sohn mag uns befremden. Aber wenn wir daran denken, welch herausragende Bedeutung dem Ahnenkult im alten China zukam, dann können wir das gewählte Beispiel besser verstehen. Hier kommt zum Ausdruck, wie wichtig es für das eigene Wohlbefinden und für einen »aufgeräumten« Seelenhaushalt ist, Prägungen, die uns behindern, belasten und einer eigenverantwortlichen Lebensgestaltung im Wege stehen, zu überwinden.

Jenseits von Reden und Schweigen wohnt das Erleben.

Das dürfte der Sinn folgender Stelle bei dem chinesischen Philosophen **Zhuangzi** sein:

> *»Da die Worte nicht ausreichend sind, so mag man einen ganzen Tag lang reden, und was man erschöpfend beschreiben kann, sind immer nur Dinge. Der SINN (Dao) ist Grenzbegriff der dinglichen Welt. Reden und Schweigen reichen nicht aus, ihn zu erfassen. Jenseits vom Reden, jenseits vom Schweigen (liegt sein Erleben), denn alles Denken hat Grenzen.«*[164]

Begriffe und Definitionen neigen dazu, Leben festzuschreiben und zu verdinglichen. Die alten Chinesen verstanden die Sprache dagegen als bloß beschreibende Annäherung an das Leben und Hindeutung auf sein Wesen und seine Phänomene. Sie misstrauten Definitionen und begrifflichen Ableitungen. Die Zen-Buddhisten sagten später, der Finger, der auf den Mond deutet, ist nicht der Mond selbst. Insbesondere den zentralen Begriff »Dao« (Tao, der rechte Weg, Seinsprinzip, letzte Ursache, Urkraft) hielten die alten Chinesen für undefinierbar. Die Geschichte der westlichen Philosophie stellt sich demgegenüber wesentlich als Begriffsgeschichte dar. Für weite Teile von ihr ist ein solch offenes Denken, wie es die Chinesen pflegten, ohne den Versuch eindeutiger begrifflicher Fixierung, keine Philosophie. Aber das Leben ist mehr, als Begriffe und Worte erfassen können. Die Sprache kann hier nur umschreiben und hoffen, dass verstanden wird, wovon die Rede ist. Nur so wird die Lebendigkeit der Sache selbst auch noch in der Sprache bewahrt.

In der Gewöhnung an euren Besitz verwachst ihr mit ihm!

Das wirft **Seneca** den Reichen vor, von denen er selbst einer war:

> *»Ihr gebärdet euch, als hätte euch irgendwie jemand den ewigen Besitz desselben (Reichtum) zugesagt: Ihr gewöhnt euch an ihn und verwachst mit ihm. Der Weise dagegen denkt gerade dann am meisten an die Armut, wenn er sozusagen im Reichtum schwimmt.«*[165]

Der Tendenz, aufgrund der Gewöhnung an den erreichten Lebensstandard und den erworbenen Besitz von ihm abhängig zu werden, können wir vorbeugen, indem wir uns stets der Möglichkeit bewusst bleiben, das Erlangte auch wieder verlieren zu können. Dieses Bewusstsein verdichten wir dann zu einer festen inneren Haltung, wenn wir uns diese Möglichkeit immer wieder einmal vor Augen halten, gerade wenn wir keine Geldsorgen haben. Die innere Haltung ist eine Denk-Gewohnheit, die stets präsent bleibt und sich durchsetzt, wenn sie in einer konkreten Situation gebraucht wird. Verlieren wir beispielsweise etwas von unserem Besitz, so trifft uns das weder unvorbereitet, noch ärgern wir uns, wenn wir das Wissen um die Vergänglichkeit des Besitzes zuvor verinnerlicht haben. Auf was wir vorbereitet sind, das bewältigen wir schnell, leicht und gefasst. Wir haben gelernt, die Dinge loslassen zu können. Auch unbedingtes Festhalten-Wollen ist eine Form der Verdinglichung von etwas, das fließt und lebendig ist.

MITTE

Geborgenheit im Innern

Der Weise hält sich an Maß und Mitte.

Das lesen wir im »**Buch der Riten, Sitten und Gebräuche**« (Liji, Li Gi). Es dürfte auf Konfuzius zurückgehen. Aufschlussreich sind auch die Worte, die darauf folgen: »*Sich vor der Welt verbergen und unerkannt bleiben, ohne es zu bedauern: das kann nur der Heilige.*«[166]

Offenbar will Konfuzius mit dieser Satzfolge andeuten, dass die Aufforderung, stets »Maß und Mitte« zu wahren, etwas mit den Bedingungen, Begrenzungen und Widrigkeiten zu tun hat, denen wir im täglichen Leben ausgesetzt sind. Hier müssen wir uns mit der bisweilen bitteren Realität auseinandersetzen, die uns zwingt, zu verzichten und mittlere Wege zu gehen (»... *doch hart im Raume stoßen sich die Sachen*«, Schiller, Wallenstein). Der »Heilige« hingegen lebt kompromisslos, konsequent und rein. Er hat sich innerlich vom weltlichen Leben vollständig gelöst und geht keine Kompromisse ein. Zu denken ist an indische Heilige, christliche und buddhistische Mönche, Mystiker, die Gottesnähe und meditative Versenkung suchen, abgeschieden oder in Waldeinsamkeit leben. Für sie hat »Maß und Mitte« keine zentrale Bedeutung. Für das Dasein gewöhnlicher Menschen, das von einem In-der-Welt-Sein geprägt ist, ist ein den Umständen, Menschen und Verhältnissen angemessenes Denken, Reden und Verhalten notwendig, um Frieden zu finden und sich bei allen Widrigkeiten der Welt wohlzufühlen. Nur ein Mitschwingen bei Wahrung der eigenen Identität und Wahrhaftigkeit führt hier zum Gelingen.

Mit fester Kraft besetzt die Mitte!

Bei **Boethius**, einem römischen Philosophen und Gelehrten, mit dessen Werk »Trost der Philosophie« man gewöhnlich die antike Philosophie enden lässt (5. Jh. n. Chr.), lesen wir:

> *»Mit fester Kraft besetzt die Mitte; alles, was darunter stehen bleibt oder darüber hinausgeht, enthält eine Geringschätzung des Glückes, nicht den Lohn für den Kampf.«*[167]

Zwei Aspekte finden wir in dieser etwas gewundenen Formulierung. Zum einen die Behauptung, dass die Wahrung der eigenen Mitte zu einem glücklichen Leben führt, sie zu verfehlen aber zum Gegenteil. Zum anderen, dass alles Bemühen, das nicht aus dem Zentrum der eigenen Persönlichkeit erwächst, nicht der Mühe wert ist. Denken wir beispielsweise an die Einseitigkeit eines Lebens, das nichts als Karriere und wirtschaftlichen oder gesellschaftlichen Erfolg kennt; das alles andere hintanstellt, die wohltuende ausgeglichene Balance zwischen Beruf, Privatleben, Selbstsorge und anderen wesentlichen Bedürfnissen missachtet und in Überarbeitung, Unausgeglichenheit und schließlich in Krankheit endet. Wer so lebt, vernachlässigt das Kostbarste, das, was ihn tragen, nähren, bereichern und erfüllen könnte: eine glückliche Seelenverfassung und tiefe Zufriedenheit mit seinem Leben.

Der Vollendete wandelt auf dem mittleren Pfad.

Das war die Auffassung **Siddhartha Gautamas** (Buddha):

»Zwei gegensätzliche Verhaltensweisen gibt es, ihr Mönche, nach denen sich ein Asket, der der Welt entsagte, nicht richten soll. Welche zwei? Die eine, die bei den Begierden sich der Lust und Freude hingibt, die niedrige, von hässlicher Art, die bei den gewöhnlichen Menschen anzutreffende, unedle, die zu keinem Ziel führt, und jene, die sich der Selbstpeinigung weiht, die leidvolle, unedle, die keinen Zweck hat. Diese beiden Gegensätze vermeidend, führt der durch den Vollendeten offenbar gewordene mittlere Pfad, der Schau und Erkenntnis bewirkt, zur Ruhe, zum Wissen, zur Erleuchtung, zum Verlöschen (zum Nibbana, Nirwana, Satori).
Und welches, ihr Mönche, ist dieser durch den Erhabenen offenbar gewordene mittlere Pfad, der Schau und Erkenntnis bewirkt, zur Ruhe, zum Wissen, zur Erleuchtung, zum Nibbana führt?
Es ist dies der edle achtteilige Pfad, der da heißt: rechte Anschauung, rechte Gesinnung, rechte Rede, rechte Tat, rechtes Leben, rechtes Streben, rechtes Überdenken und rechtes Sichversenken.«[168]

Zuvor hatte Buddha vergeblich versucht, durch Selbstpeinigung Erleuchtung zu erlangen. Die »Lehre vom mittleren Pfad« rückte den Buddhismus näher an das weltliche Leben heran, vermenschlichte ihn, wies den Weg zu einer Lehre, die Spiritualität und Sinnlichkeit, geistige und körperliche Bedürfnisse und Befriedigungen, vita activa und vita contemplativa harmonisiert und vereint.

Achte auf die Mitte!

Schon in uralten Zeiten kannte China einen »Sechzehn-Wörter-Spruch«, der legendär wurde und die Grundlage des kanonischen Buches »Mitte und Maß« bildete. Er lautet:

»Dem Menschenherz droht stets Gefahr
Der Dao-Weg allein ist wahr
Nur diesen einen sehe klar
Die Mitte treulich nur gewahr!«[169]

Der »Dao-Weg« ist hier der »rechte Weg« des Menschen, der seiner Natur und Bestimmung folgt und sein Wesen verwirklicht. Es ist ein sehr komplexer Begriff mit vielen Facetten. Er könnte auch mit Natur, kosmischer Ordnung, Urprinzip, Sein, Energie oder göttlichem Gesetz übersetzt werden. In ihm versammelt sich die Essenz des altchinesischen Weisheitsdenkens. »*Gewahr*« bedeutet hier die Aufforderung »Nehme wahr!« im Sinne von »Erkenne!«, »Beachte!« oder »Folge!«. In dir selbst, in deiner Mitte, findest du deine Bestimmung. Hier liegt der Schlüssel für ein gelingendes und erfülltes Leben.

Das Beste ist die unserer Individualität entsprechende Mitte.

Bei **Theophrastos**, einem Schüler des Aristoteles und späteren Nachfolger in der Leitung seiner philosophischen Schule, lesen wir:

> *»Das Beste ist das unserer Individualität entsprechende mittlere Maß … Dies individuelle Mittlere wird durch unsere Vernunft bestimmt. Die Tugend (Weisheit) ist also ein bewusstes Verhalten, das auf dem unserer Individualität entsprechenden mittleren Maß beruht, bestimmt durch die Vernunft, und zwar wie es der Verständige bestimmt.«*[170]

Hier wird die innere, wesensmäßige Verbindung von Maß und Mitte deutlich. Die eigene Mitte zu wahren bedeutet, einen Ausgleich der häufig gegenläufigen seelisch-geistigen Kräfte, Triebe, Bedürfnisse und Wünsche herbeizuführen und zu wahren. Dieser Ausgleich, meinte Aristoteles, bestehe in der Vermeidung von Extremen und Einseitigkeiten. Er bahne den Weg zur Glückseligkeit. Wir können das Glück nicht auf direktem Wege erreichen. Wir sind darauf beschränkt, den Boden zu bereiten. Das tun wir, indem wir unseren Seelengarten in Ordnung halten, ihn pflegen, hegen, nähren und schützen. Die Augenblicke des Glücks und der stillen Freude – um im Bild zu bleiben –, die reifen Früchte und schönen Blumen stellen sich dann von allein ein. Wann und wo, das wissen wir nicht, aber wir erhöhen ihre Pracht, wenn wir bessere Gärtner werden.

Zu viel ist ebenso falsch wie zu wenig.[171]

Der Ausspruch stammt von **Konfuzius**. Der deutsche Gegenwartsphilosoph Lutz Geldsetzer, der sich intensiv mit der klassischen chinesischen Philosophie beschäftigt hat, kommentiert diese Stelle wie folgt:

> *»Hier kann man den Übergang von Zhong (Mitte) … zum Yong (Maß) … – von der Mitte zum Maß –, von dem im Buch von ›Mitte und Maß‹ die Rede ist, schön ersehen. Zu viel und zu wenig sind selbst schon Maßverhältnisse, und um ihr Maß beurteilen zu können, muss man über das richtige Maß, nämlich die Mitte als Ausgangspunkt verfügen. Gewiss kann es sich nicht um eine quantitative Maß- oder Messskala handeln.«*[172]

Der Vergleich mit dem vorhergehenden Zitat belegt die Universalität und Unvergänglichkeit von Weisheit. Konfuzius und Aristoteles haben weder sich noch die Schriften des anderen gekannt. Dennoch kommen sie zum gleichen Ergebnis. Wer das Maß, den Ausgleich, die Harmonie und Proportionen wahren will, der orientiere sich an der Mitte, seiner eigenen wie der in allen Dingen und Verhältnissen. Wer seine Mitte sucht, der strebe nach dem rechten Maß in allem. Das ist leichter gesagt als getan. Es gibt keinen anderen Maßstab als weise Einsicht und viel erprobte Intuition. Gelingendes Leben ist eine Kunst. Sie verlangt Wissen und Können, Kopf und Bauch.

Wer die Mitte wahren kann, verdient höchsten Ruhm.

Bei dem chinesischen Philosophen **Zhuangzi** lesen wir folgende Geschichte:

> *»Im Staate Lu war einmal ein Mann, der lebte in Felsklüften und trank Wasser und hielt sich fern von allem Streben nach weltlichem Gewinn. So war er siebzig Jahre alt geworden, und sein Antlitz war noch frisch wie das eines Kindes. Unglücklicherweise begegnete er einmal einem hungrigen Tiger. Der hungrige Tiger fraß ihn auf. Da war auch ein anderer Mann, der lebte mit Arm und Reich in regem Verkehr. Als er aber vierzig Jahre alt geworden war, da bekam er ein innerliches Fieber, an dem er starb. Der eine dieser beiden pflegte sein Inneres, aber der Tiger fraß sein Äußeres; der andere pflegte sein Äußeres, aber die Krankheit griff sein Inneres an. … Kung Dsi (Konfuzius) hat einmal gesagt: Sich nicht zurückziehen und verbergen, nicht hervortreten und sich zeigen, frei von allen Nebengedanken die Mitte wahren; wer das erlangt hat, der ist sicher höchsten Ruhmes würdig.«*[173]

»*Mit Arm und Reich in regem Verkehr leben*« bedeutet, ein ganz nach außen gerichtetes Leben führen. »*Hervortreten und sich zeigen*« meint Ehre und Ansehen erstreben. Zhuangzi scheint Konfuzius recht geben zu wollen, der bei der Frage, wie viel »äußeres« oder »inneres« Leben wir pflegen sollen, die Mitte empfiehlt. Die Kunst des Lebens liegt in einem ausgeglichenen Wechsel von Aktivität, Selbstwirksamkeit und innerer Sammlung, von Gestaltung der eigenen Lebenswelt und ihrem Genießen, vom »schönen Fluss des Lebens« (Stoa).

VERZICHT – ENTSAGUNG

Der Schlüssel zum Glück

Gott gibt uns dieses, und jenes versagt er.

Die Einsicht, dass sich im Leben eines Menschen zahlreiche Wünsche und Sehnsüchte nicht erfüllen werden, ist eine Urerfahrung menschlicher Existenz. In ihr erlebt der Mensch seine Begrenztheit und Endlichkeit. Dies anzunehmen und zu akzeptieren, ist Weisheit. Es ist die Fähigkeit, entsagen zu können. Wollen wir Enttäuschung und Frustration, die mit der Nichterfüllung verbunden sind, vermeiden, sollten wir lernen zu verzichten oder zu entsagen. Das hört sich einfacher an, als es ist. Viele Menschen leiden, weil ihnen genau das schwerfällt. Die zitierte Stelle findet sich bei **Homer**. Dort sagt Schweinehirt Eumaios zu Odysseus, den er nach zwanzigjähriger Abwesenheit nicht wiedererkennt, folgende Worte:

> *»Iss, mein unglückseliger Freund, und freue dich dessen, Wie du es hast. Gott gibt uns dieses, und jenes versagt er …«*[174]

In der Ilias, dem zweiten großen Epos Homers, heißt es im gleichen Sinn: »*Doch ein anderes gab ihm der Gott, ein andres versagt er …*«[175]

In beiden Zitaten kann »*Gott*« auch unpersönlich als unausweichliches Schicksal verstanden werden.

Man leiste mit bezähmtem Sinn Verzicht auf seines Handelns Frucht.

Der Ausspruch stammt aus der indischen **Bhagavadgita**. Weiter heißt es:

»Denn Wissen mehr als Übung ist,
Und mehr als Wissen Sammlung gilt,
Noch mehr ist der Verzicht auf Lohn,
Weil aus ihm höchster Frieden quillt …«[176]

Hier steckt eine ganze Philosophie des Glücks dahinter. Danach gelangen wir zu vollkommenem Seelenfrieden und innerer Ausgeglichenheit nur, wenn wir unser Wollen und Begehren dahin gehend einschränken, nicht krampfhaft auf der Zielverwirklichung zu beharren. Wir tun, was wir tun müssen, und bleiben gelassen hinsichtlich des Erfolgs unseres Handelns. Wir machen unser Glück und Wohlbefinden nicht davon abhängig, ob wir erreichen, was wir anstreben. Wir bleiben ruhig und treiben weiter voran, was wir aus innerer Bestimmung heraus tun müssen. Zu einer solchen Haltung gelangen wir, wenn wir uns regelmäßig sammeln und meditieren und auf das Wesentliche konzentrieren (»*Sammlung*«). Um uns zu sammeln, müssen wir unser Seelenleben verstehen und einsehen, wie wichtig die Reflexion, das Nachdenken über unser Leben und das immer bessere Verstehen der menschlichen Lebenswelt sind (»*Wissen*«). Dieses Wissen darf nicht rein intellektuell bleiben, sondern muss durch Übung und Lebenspraxis zu einem Teil unserer selbst, unseres Charakters gemacht werden (»*Übung*«). Wir werden zu dem, was wir tun.

Wer viel sammelt, verliert notwendig Wichtiges.[177]

Der Umkehrschluss aus diesem Ausspruch des chinesischen Philosophen **Laotse** wäre: Wer sich des Sammelns enthält, bewahrt das Wichtige. Wie viele Dinge häufen wir an, aber wie viel brauchen wir davon wirklich? Sie stellen unseren Wohnraum zu, müssen verwaltet und gepflegt werden, lenken uns von Wesentlichem ab und sind oftmals eine mentale Belastung. Bei einigen dürfte das Kaufen, Sammeln und Anhäufen auch Ersatzhandlung für etwas sein, wonach sie sich wirklich sehnen: nach innerem Reichtum, der die Seele nährt, wachsen und reifen lässt, der Halt und Orientierung gibt, nach innerer Geborgenheit und Verbundenheit mit anderen, nach wärmender Nähe von Menschen, nach der Berührung zweier verwandter Seelen.

Der wahrlich große Mensch hat sein Ich eingebüßt und erreicht den Gipfel der Selbstbeschränkung.[178]

Die philosophische Richtung des Daoismus im alten China vertrat – wie einige indische Philosophien – die Auffassung, man müsse alles Ichhafte und Selbstbezogene aufgeben, um zu seiner Bestimmung, zur Lebensfülle und in sein Wesen zu gelangen, die sie den »rechten Weg« (Dao, Tao) nannte. Hier vollende sich der Mensch und werde eins mit dem wandelnden kosmischen Geschehen, mit der Natur; er bringe in sich die gegenläufigen Kräfte von Yin und Yang in eine harmonische Bewegung. Diesem Zustand entspreche höchstes Glück, Erfüllung und »wahrhafte Größe«. In seiner Radikalität erscheint uns der Verzicht auf alles Ichhafte als ein unerreichbares Ideal. Aber vielleicht geht es gar nicht um die Erreichung dieses Zieles, sondern lediglich darum, Orientierung und Richtung zu gewinnen und sich dem Ideal anzunähern. Je weiter wir uns von einem selbstsüchtigen Ich entfernen, umso freier, gelassener und wohler werden wir uns fühlen. »Philosophie« bedeutet nicht *Besitz* von Weisheit oder *Vollendung* des Ideals, sondern das *Streben* danach. Weisheit selbst, meinten die Alten, komme nur dem Gott zu. Das Zitat stammt von **Zhuangzi**.

Wer sich freiwillig der Lust enthält, ist weise, wer ihrer nicht bedarf, ist glücklich.

Der Ausspruch stammt von dem römischen Philosophen **Favorinus** (2. Jh. n. Chr.). Weiter heißt es im Text:

> *»Das Alter eignet sich für beides: Es bewirkt, dass die Menschen vernünftiger werden und sich weniger um Vergnügungen kümmern.«*[179]

Favorinus bildet einen interessanten Gegensatz, dem wir im weisheitlichen Denken der griechisch-römischen Antike oft begegnen: dem Gegensatz von Vergnügungen und Glück. Nachhaltiges, tiefes, den ganzen Menschen erfassendes Wohlbefinden, dauerhafte innere Freude und Zufriedenheit sind etwas anderes als vorübergehendes Vergnügen, momenthafte Befriedigung, kurzlebige Lust. Beide Empfindungen brauchen sich keineswegs auszuschließen, geraten aber häufig in Konflikt und stellen uns vor die Wahl, auf das eine oder andere zu verzichten. Ihnen liegt jeweils eine andere Haltung zum Leben zugrunde, andere Werte und Überzeugungen, eine andere Lebensphilosophie. Hier entscheiden wir, wie wir leben wollen und was uns wichtig ist.

Leersein ist Fasten des Herzens.

Der Ausspruch stammt von dem chinesischen Philosophen **Zhuangzi**:

> *»Das äußere Hören darf nicht weiter eindringen als bis zum Ohr … so wird die Seele leer und vermag die Welt in sich aufzunehmen. Und der SINN (Dao, der rechte Weg) ist's, der diese Leere füllt. Dieses Leersein ist Fasten des Herzens.«*[180]

Zhuangzi plädiert dafür, die Sinneseindrücke, welche Begehrlichkeiten herrvorrufen und das auf Äußeres gerichtete Wollen reizen, nicht in die Seele eindringen zu lassen, d.h. zu entsagen. Vielmehr sollen wir das Innere frei halten, leer werden von ichbezogenen Ambitionen, damit es das Wesentliche, Nährende, nachhaltig Beglückende aufnehme. Er nennt es in der Sprache der durch Laotse begründeten Philosophie das »Dao«, hier der »Anruf des Seins«, das Berührtwerden durch Wesentliches, die Verwirklichung der eigenen Natur und Bestimmung, oder wenn man so will: die Begegnung mit dem »Göttlichen«. Für unsere Lebenspraxis bedeutet es, dass wir uns für die Realisierung nachhaltiger, nicht von der Gesellschaft vorgegebener Werte entscheiden und entsprechende Haltungen einnehmen.

Jedem Ansturm gewachsen ist die Seele, die auf alles Äußere verzichtet hat.

Der römische Philosoph **Seneca** schreibt an seinen Freund Lucilius:

> »*Die Philosophie muss unsere Schutzwehr bilden, diese uneinnehmbare Mauer, die durch das Schicksal nicht überwältigt wird trotz aller kunstvollen Angriffsmittel. Jedem Ansturm gewachsen ist die Seele, die auf alles Äußere verzichtet hat und in ihrer Burg sich zur Wehr setzt. Kein Geschoss kann bis zu ihrer Höhe dringen. Das Schicksal hat keine langen Arme, wie viele glauben; es überwältigt keinen, der sich nicht an es anklammert.*«[181]

Entsagung führt zur Unverletzlichkeit gegen Schicksalsschläge und Enttäuschungen. Mögen diese auch zu vorübergehender Frustration oder Trauer führen, an den Kern des Ichs reichen sie nicht heran. Dabei kommt es weniger darauf an, äußerlich zu verzichten, als vielmehr darauf, sich nicht innerlich abhängig zu machen von äußeren Dingen, von unseren Wünschen und Begierden. Wir können leben wie ein Fürst, wenn wir zugleich bereit und fähig sind, auf alle Annehmlichkeiten zu verzichten und gleichwohl zufrieden mit unserem Schicksal zu sein. Die Kraft dazu finden wir in unserem Innern und in tragfähigen philosophischen Anschauungen.

NATUR

Unsere tiefste Kraftquelle

Des Menschen Kraft und Lebensfreude fließen aus der Natur, dem Urgrund seines Lebens.

Das ist der Sinn folgender bemerkenswerter Stelle bei dem japanischen Philosophen **Kaibara Ekiken** (1630–1714). Sie gibt wesentliches Gedankengut aus der altchinesischen Weisheitstradition wieder:

> »*In den Herzen aller Menschen wirkt die Lebenskraft der großen Harmonie, die sie von Himmel und Erde empfangen haben. Sie bildet den Urgrund menschlichen Lebens, dem alles unterworfen ist. So wie Bäume und Gräser immerzu emportreiben, wirkt in unserem Herzen stetig eine Kraft, die aus dem Geheimnis der Natur heraus lebt und sich eines friedlich harmonischen Seins erfreut. Geben wir ihr den Namen Lebensfreude. Weil sie den Lebensgrund des menschlichen Herzens ausmacht, ist sie auch die Grundlage der Menschlichkeit … Werden wir jedoch von Selbstsucht beherrscht, kommt uns diese Lebensfreude abhanden. Nur der Weise ist sich ihrer bewusst und verliert sie auch nicht, weil er von selbstsüchtigen Wünschen frei ist …*«[182]

Der Ausdruck »*Himmel und Erde*« steht für die äußere wie für individuelle Natur, die in jedem Einzelnen als seine »eigentlichen« und tiefsten Bedürfnisse wirken. Bedenkenswert ist die Entgegensetzung von Selbstsucht einerseits und naturgemäßem Leben andererseits. Wer selbstsüchtig und egoistisch lebt, schadet seiner eigenen Natur und verliert seine Lebensfreude.

Selbsterkenntnis ist die Erkenntnis der in uns wirkenden Natur und führt zur Seelenruhe.

Das ist der Sinn folgender Stelle bei **Cicero**:

»Wenn er (der Weise) dies (die Naturerscheinungen) bedenkt und Tag und Nacht überlegt, dann entsteht jene vom delphischen Gotte befohlene Erkenntnis, dass der Geist sich selbst erkennt, sich mit dem göttlichen Geiste verbunden fühlt und dadurch von unerschöpflicher Freude erfüllt wird. Der Gedanke an die Kraft und Natur der Götter entflammt den Wunsch, ihre Ewigkeit nachzuahmen; der Mensch lässt sich nicht in die Kürze des Lebens einengen, wenn er die Ursachen der Dinge sieht, wie die eine an die andere angepasst und mit Notwendigkeit verknüpft ist und die seit ewiger Zeit dahinfließen und noch für alle Ewigkeit von der Vernunft und dem Geist regiert werden. …
Wenn man dies anschaut und betrachtet oder besser alle Teile und Gestade rundum überblickt, mit welcher Ruhe der Seele wiederum erwägt man dann das Menschliche …«[183]

Für die Stoiker, die Cicero hier zitiert, war die Philosophie vor allem die Erkenntnis *der »göttlichen (ewigen, natürlichen) und menschlichen Dinge«* und die dadurch bedingte geistige Teilhabe an der Ewigkeit der Natur. Das verbindende Element war die Vernunft, die sowohl in der natürlichen Ordnung wie im Menschen vorhanden ist und wirkt. Ein Leben gemäß der Vernunft und Natur führt zur Seelenruhe (Seelenfrieden), worin die Stoiker das höchste menschenmögliche Glück sahen.

Wer die Natur erkennt und ihr folgt, wird frei von Sorgen.

In einem frühen Kommentar zum »**Buch der Wandlungen**« (I Ging, Yijing) heißt es:

> *»Das Buch der Wandlungen enthält das Maß von Himmel und Erde (Natur): Darum kann man damit den SINN (Dao, Tao, der rechte Weg) von Himmel und Erde umfassen und gliedern. Indem man emporblickend mit seiner Hilfe die Zeichen am Himmel verständnisvoll betrachtet und niederblickend die Linienzüge der Erde untersucht, erkennt man die Verhältnisse des Dunkeln und Hellen (Yin und Yang). Indem man an die Anfänge zurückgeht und die Dinge bis zu Ende verfolgt, erkennt man die Lehren von Geburt und Tod. … Indem der Mensch dadurch dem Himmel und der Erde ähnlich wird, kommt er nicht in Widerspruch mit ihnen … und wird frei von Sorgen … und zufrieden … und vermag die Liebe zu üben.«*[184]

Auf die einzelnen Bilder und Begriffe dieser komplexen Stelle kann hier nicht eingegangen werden. Sie betreffen nähere Bestimmungen der Natur und ihre unterschiedlichen, gegenläufigen Kräfte (Yin und Yang). Wir kommen dem nahe, was gemeint ist, wenn wir auf die pulsierende Lebendigkeit unserer eigenen Seele schauen, ihr nachspüren und ihr gerecht zu werden versuchen. Nach dem Text ist sie Abbild, Spiegel und Teil der uns umgebenden Natur. Werden wir unserer Seele gerecht und schaffen innere Harmonie zwischen den teilweise gegenläufigen Seelenkräften, leben wir naturgemäß *(»dem Himmel und der Erde ähnlich werden«)*. Wir werden frei von Sorgen.

Gott und Natur sind ein und dasselbe.

Das scheint die Auffassung **Senecas** gewesen zu sein, wobei Gott und Natur zugleich ein Synonym für das Größte und Höchste im Leben waren, dem nachzustreben und ähnlich zu werden ihm das Wichtigste war. Das ist zugleich der Sinn der grundlegenden Aufforderung Senecas und aller stoischen Philosophen, »naturgemäß zu leben«, d.h. sein Wesen zu leben und seinen wesentlichen Bedürfnissen nachzugehen. Nur das führe zu nachhaltigem Glück. Das einleitende Zitat ist eine Zusammenfassung folgender Stellen in Senecas Schrift »Über die Wohltaten«:

> »*Was nämlich anderes ist die Natur als der Gott und der göttliche Urgrund, der dem Weltall und seinen Teilen eingepflanzt ist? … weil weder die Natur ohne den Gott ist noch der Gott ohne die Natur, sondern beides ein und dasselbe ist …*«[185]

In der Geschichte der Philosophie verbindet man üblicherweise die Gleichsetzung von Gott und Natur mit der Philosophie des Niederländers Baruch de Spinoza (1632–1677). Sie ist aber, wie wir sehen, viel älter.

Echte Wahrheitssucher lieben die Natur und finden in ihr das eigene Wesen.

Das war die Auffassung des japanischen Zen-Meisters und Politikberaters **Muso Soseki** (14. Jh.). Er sagte:

> *»Solche (Menschen) hingegen, welche Berge, Flüsse, die große Erde, Gräser, Bäume und Steine als ihr eigenes Wesen empfinden, scheinen zwar durch ihre Liebe zur Natur weltlichen Gefühlen verhaftet, doch offenbart sich in Wirklichkeit eben hierin ihr echtes Wahrheitsstreben, und sie nehmen die Erscheinungen, welche sich in die vier Elemente verwandeln, als religiöse Übung. Tun sie dies in rechter Weise, so sind sie Musterbeispiele dafür, dass echte Wahrheitssucher die Landschaft lieben.«*[186]

Weise ist es danach, das Sein, das Leben und den Wandel der Natur, auch wo sie sich in einem selbst vollziehen und vielleicht mit Leid oder Schmerz verbunden sind, wie etwa bei Krankheiten oder beim Älterwerden, zu erkennen, anzunehmen und als eine Art *»religiöse Übung«* aufzufassen, als einen *»Gottesdienst«*. Das ist die Haltung der Demut, die das Unverfügbare akzeptiert und annimmt und vor Übermut bewahrt. Dieser endet stets in Frustration und Leid. Die Natur, von der wir ein kleiner Teil sind, ist größer als wir. Die Natur verstehen wollen, heißt die Wahrheit zu suchen, also Philosophie (»Liebe zur Weisheit«) zu betreiben, unseren Ursprung zu erkennen und in unser Wesen einzugehen.

Das höchste Richtmaß vernachlässigt nicht die tatsächlichen Naturverhältnisse.

Der Ausspruch stammt von dem chinesischen Philosophen **Zhuangzi**. Weiter heißt es dort:

> *»Die Beine einer Ente sind wohl kurz; wollte man sie strecken, so täte es ihr weh. Die Beine eines Kranichs sind wohl lang; wollte man sie kürzen, so empfände er Schmerz. Darum: Was von Natur lang ist, soll man nicht kürzen; was von Natur kurz ist, soll man nicht strecken. Dann gibt es keinen Schmerz, den man beseitigen müsste. Ach, wie widerspricht doch die Moral der menschlichen Natur! Was macht diese Moral doch für viele Schmerzen!«*[187]

Für Zhuangzi zeigt uns die Natur das rechte Maß und gibt Orientierung für das persönliche und gemeinschaftliche Zusammenleben. Den menschlichen Hilfsmitteln zur Aufrechterhaltung gelingender Gemeinschaft wie den Gesetzen und der Moral stand Zhuangzi kritisch gegenüber. Nicht selten entfremden sie uns von unseren Wurzeln. So verhindern die Gesetze, so notwendig sie sind, nicht Kriminalität, das Völkerrecht keine Kriege. Zahlreiche Konventionen, Sitten und Gewohnheiten tun uns nicht gut und erschweren uns den Weg zu uns selbst. Sie sind äußerliche Ordnungsfaktoren, können aber keine Ordnung ersetzen, die von innen aus dem Menschen kommt und seiner Natur entspricht. Es ist ein Unterschied, ob wir Gutes tun, weil es von außen verlangt wird, oder weil es uns ein inneres Bedürfnis ist.

In Wahrheit handelt in der Welt nur die Natur.

Das scheint die Auffassung des Autors der altindischen **Bhagavadgita** zu sein:

»In Wahrheit handeln in der Welt
Allein die ›Gunas‹ der ›Natur‹,
Verblendet durch sein Selbstgefühl,
Der Tor glaubt selbst zu handeln nur.«[188]

Nach dieser Auffassung geschieht in der sichtbaren, materiellen Welt alles durch die Natur. Diese wird gebildet durch drei grundlegende Elemente oder Eigenschaften, die sog. drei »Gunas«. Nach einer bedeutenden Richtung in der antiken indischen Philosophie sind die drei Gunas folgende: das Lichte, Freudige, die sog. »Wesenheit« oder »Güte« (sattva), die aktive, erregende »Leidenschaft« (rajas) und schließlich die betäubende, hemmende »Dunkelheit« (tamas). Vor der Weltentstehung befanden sich diese Eigenschaften in einem Zustand des Gleichgewichts. Danach aber trennten und vermischten sie sich ständig, wodurch alles weltliche Geschehen hervorgebracht wird.[189] Diese metaphysische Anschauung erinnert an die herrschende Auffassung in der modernen Philosophie, Psychologie und Neurobiologie, wonach unsere Handlungen weniger von der Vernunft gesteuert werden als vielmehr von unbewussten Verhaltensmustern und Emotionen. Wenn wir uns besser verstehen und unser Leben besonnen, vernünftig und eigenverantwortlich steuern wollen, ist es notwendig, dass wir die in uns wirkenden Naturkräfte, Triebe, Begehrlichkeiten und Prägungen erkennen, damit nicht diese uns, sondern wir sie leiten.

GERECHTIGKEIT

Das Maß von allem

Die größte Frucht der Gerechtigkeit ist die Beruhigtheit.[190]

Die Gerechtigkeit war bei den alten Griechen eine bedeutsame Tugend, für Platon sogar die wichtigste. Er bezog sie auf die Ordnung von Gemeinschaften ebenso wie auf die Ordnung des persönlichen Seelenlebens. Das Zitat stammt von dem griechischen Philosophen **Epikur**. Wer gerecht handelt, muss sich keine Vorwürfe machen. Er hat ein ruhiges Gewissen und lebt ohne Furcht. Epikur mag an die Ausführungen Platons über die *»Gerechtigkeit gegen sich selbst«* gedacht haben. Dieser vertrat die Ansicht, dass der Mensch *in sich selbst* auf die gleiche Weise eine gerechte Ordnung herstellen müsse wie der Gesetzgeber im Staat. Wenn der Mensch jedem seiner inneren Kräfte, Bedürfnisse, Wünsche (*»Seelenteile«*) *»das ihnen Zukommende«* gewähre, demnach das ihnen im Gesamtentwurf des eigenen Lebens jeweils Gebührende und Passende, dann werde er sich selbst gerecht. Wer im Handeln, Sprechen, Denken und Wollen sich selbst gerecht werde, der führe ein glückliches Leben. Denn dann werde die Persönlichkeit von einer ausgeglichenen, harmonischen Seelenruhe getragen. Ausgeglichenheit ist Gerechtigkeit im Innern. In diesem Sinne sind wir in Bezug auf unser Seelenleben Gesetzgeber, Richter und Vollzugsbeamter in einem. Wir haben alle Fäden selbst in der Hand.

Gerechtigkeit bedeutet »Jedem das ihm Zukommende« gewähren.

Bei dem daoistischen Philosophen **Zhuangzi** findet sich dazu eine kleine Anekdote:

»Er habe einst einen Besucher belehrt, der aber nichts zu verstehen schien und schließlich wegging. Zhuangzi sprach daraufhin: … ›Es kam einmal ein Vogel, der ließ sich nieder auf dem Anger vor der Hauptstadt von Lu. Der Fürst von Lu hatte eine Freude an ihm und brachte Schlachtopfer dar, um ihn zu füttern, und ließ herrliche Musik machen, um ihn zu ergötzen. Aber der Vogel wurde traurig und blickte ins Leere. Er aß nicht und trank nicht.‹
Das kommt davon, wenn man einen Vogel nach seinem eigenen Geschmack hegen will. Will man einen Vogel nach dem Geschmack des Vogels hegen, so muss man ihn nisten lassen in tiefen Wäldern, man muss ihn schwimmen lassen auf Flüssen und Seen, ihn fressen lassen nach seinem Belieben und ihn freilassen auf der Ebene. Nun kam da dieser Mann zu mir, ein unbegabter und unwissender Mensch, und ich habe mit ihm über das LEBEN des höchsten Menschen gesprochen (Tugend, Weisheit). Aber das ist, wie wenn man eine Spitzmaus im Pferdewagen führen oder eine Wachtel mit Glocken und Pauken ergötzen wollte. Der Mann muss notwendig einen Schrecken bekommen.«[191]

Nach der Grundüberzeugung der Daoisten soll der Mensch nicht mutwillig, eigensinnig und selbstsüchtig in das Walten der Natur und in ihre Gesetze eingreifen. Dadurch zerstört er die Welt.

Der Mensch sollte seine Seelenteile sowohl untereinander wie mit sich selbst befreunden und in diesem Zustand halten.[192]

Das war die Auffassung **Platons** zum richtigen Umgang mit den eigenen Seelenkräften. Seinen »Seelenhaushalt« in Ordnung bringen war für ihn wie für seinen Lehrer Sokrates oberstes Gebot. Es bedeutete, in seinem Inneren »Gerechtigkeit« herzustellen, d. h. jedem Bedürfnis und Trieb im Hinblick auf das Gedeihen des Ganzen »das ihm Zukommende« verschaffen. Dazu sollen wir die guten Kräfte nähren, die leidvollen aber zügeln. Negative Seelenkräfte und schädliche Begierden lassen sich aber weder verleugnen noch immer restlos ausrotten. Daher müssen wir uns bemühen, auch mit ihnen einen guten Umgang zu pflegen. Das meint Platon, wenn er sagt, wir müssen unsere Seelenteile sowohl untereinander wie mit uns selbst befreunden und in diesem Zustand halten. Dieses Austarieren kann schwieriger sein als Enthaltsamkeit und Weltentsagung, wie sie Teile der indischen Philosophie empfehlen oder wie sie von christlichen Mönchen geübt wird. Denn sie verlangt, die verschiedenen Bedürfnisse und ihre Bedeutung für einen selbst zu erkennen, zu akzeptieren und ihnen im richtigen Maß nachzukommen *(»richtig nähren«)*. Dieses richtige Maß zu bestimmen, diese *»Messkunst«*, wie Platon sie nannte[193], stellt die große Schwierigkeit in unserem Leben dar. Gelingt sie, so erlangen wir innere Ausgeglichenheit und eine Grundstimmung heiterer Gelassenheit. Aus ihr erwachsen die Momente des Glücks.

Gerechtigkeit führt überall zur Eintracht.

Das Zitat stammt von dem chinesischen Kaufmann, Politiker und Philosophen **Lü Buwei**. Zuvor heißt es:

> *»Die weisen Herrscher des Altertums legten in ihrer Art des Regierens vor allem Wert auf Gerechtigkeit.«*[194]

Gerechtigkeit hat mit Harmonie und angemessenen Proportionen zu tun. Es ist das rechte Maß in der Ordnung eines Ganzen, das aus mehreren Teilen besteht. Daher ist sie auch für die eigene Lebensführung von grundlegender Bedeutung. Sie führt zur »inneren Ausgeglichenheit« im Hinblick auf die vielen Kräfte und Widerstände in der eigenen Seele, die nicht selten gegenläufig sind und starke innere Spannungen und Konflikte auslösen können. Diese inneren Konflikte auszugleichen und zu befrieden, sodass die Seelenkräfte ohne Streit und Verdrängung miteinander harmonisch bestehen können und der ganzen Seelenverfassung Ruhe und Kraft verleihen, ist Lebenskunst. Sie ist eine Kunst, denn das Ganze unseres Seelenlebens zu überblicken, alle Prägungen, Anlagen, Defizite, Charakterzüge und Seelenkräfte zu erkennen und immer wieder auszugleichen, übersteigt unsere Verstandeskräfte. Hier müssen Gefühl und Intuition hinzutreten und sie schöpferisch ergänzen.

Bedenke, dass alles, was geschieht, gerechterweise geschieht.[195]

Der Philosophenkaiser **Marc Aurel** scheint eine ungeheuerliche Provokation auszusprechen. Und dennoch: Vielleicht steckt in diesem Ausspruch auch viel Liebe, Verständnis und Duldsamkeit der Welt und den Menschen gegenüber, wenn wir nur richtig verstehen, was er sagen wollte. Er könnte gemeint haben, dass der Mensch das Leben lieben soll, was immer auch geschieht; dass er versuchen sollte, das Geschehen in der Welt zu verstehen, was nicht heißt, es auch zu akzeptieren oder untätig und widerspruchslos hinzunehmen. Alles hat seine Ursache und ist daher grundsätzlich verstehbar und nachvollziehbar, wenn uns alle Fakten bekannt wären. Bevor wir (ver-)urteilen und eingreifen, sollen wir zunächst verstehen, warum die Welt und die Menschen so sind, wie sie sind. So haben auch Tod und Vergehen, in denen wir häufig nur ein Unglück sehen, ihre notwendige Funktion im Ganzen der Regeneration des Lebens. Altes macht Neuem Platz. In dem Zitat klingt die Duldsamkeit und Gelassenheit des Stoizismus an, dem Marc Aurel zuzurechnen ist: Wo wir das Leben nicht ändern können, müssen wir es nehmen, wie es kommt, und das Beste daraus machen. An dem Unabänderlichen zu verzweifeln, hat keinen Sinn. Zum zitierten Ausspruch mag man Goethes Wort hinzunehmen: »*Wie es auch sei, das Leben, es ist gut.*«[196]

Weinend wandert das Recht durch die Städte.

Das Zitat ist eine frühe Äußerung über die Gerechtigkeit aus dem archaischen Griechenland. Sie stammt von dem Dichterphilosophen **Hesiod** und lautet im Zusammenhang:

> »*Weinend wandert das Recht durch Städte und mancherlei Stätten,*
> *Dicht in Nebel gehüllt, und bringt den Menschen Verderben.*«[197]

Nach der pessimistischen Weltsicht des Hesiod wird das Recht überall missachtet. Deshalb ist die Göttin des Rechts (Dike) traurig. Unerkannt geht sie durch die Stätten der Menschheit und stellt das Recht wieder her, indem sie nach Hesiod jegliches Unrecht bestraft. Es war eine weitverbreitete Auffassung im Weisheitsdenken der Antike in West und Ost, dass der Mensch sich selbst am meisten schadet, wenn er die Gerechtigkeit verletzt. Denn ein ungerechtes Handeln gegenüber anderen führt stets auch zur Schädigung der eigenen Seele. Wir tun uns nichts Gutes, wenn wir anderen Schaden zufügen. Irgendwann rächt es sich. Nichts bleibt ungeahndet. Dike kommt und bestraft diejenigen, die gegen das Recht verstoßen. Die alten Inder hatten eine ähnliche Vorstellung, das karmische Gesetz, wonach alles Handeln seine Wirkung zeitigt: »Jeder von uns ist der Schöpfer seines Schicksals« (Vivekananda). Wer Gutes tut, dem wird letztendlich Gutes widerfahren, Schlechtes aber, wer Schlechtes tut. Dies ist auch heute noch so, wenn man darauf schaut, ob ungerecht handelnde Menschen sich wirklich dauerhaft gut dabei fühlen oder ob sie nicht irgendwann mit einer solchen Haltung leidvolle Erfahrungen machen müssen.

Wenn die Oberen Gerechtigkeit walten lassen, so kommen Staat und Haus in Ordnung.

Im chinesischen »**Buch der Riten, Sitten und Gebräuche**« (Liji, Li Gi) heißt es:

> *»Jedermann im Volk führe seine Bezeichnung nach dem, was er kann. Er genieße die Früchte seiner Kraft zu seiner Zeit; er bekomme seine Stellung nach seinen Fähigkeiten … Wenn die Unteren nicht ausgebeutet werden, so gelangen Staat und Haus in Wohlstand. Wenn die Oberen Gerechtigkeit üben, so kommen Staat und Haus in Ordnung. Wenn die Vorgesetzten gute Sitten haben, so wird im Volk nicht gestritten. Wenn man die Götter verehrt, so kommt Ehrfurcht in Staat und Haus. Wenn man die Leute alle in Liebe umfasst, so hegt das Volk keinen Groll.«*[198]

Hier wird die Gerechtigkeit mit ihren wesentlichen Elementen beschrieben: Der Einzelne soll seine persönlichen Anlagen verwirklichen können und danach seine Stellung in der Gesellschaft erhalten. Niemand soll ausgebeutet werden. Die Gerechtigkeit verbreitet sich durch gerechte Vorbilder und Führungskräfte. Sie schafft Ordnung und Frieden. Sie gebietet Ehrfurcht vor dem Göttlichen, dem Unfassbaren, Höheren, Umgreifenden (Karl Jaspers), was zu einer Haltung der Demut, Bescheidenheit und Dankbarkeit führt. In ihrer verständnisvollen Zugewandtheit gleicht sie der Liebe und ruft Friedfertigkeit, Zuneigung und Wohlwollen hervor.

LEIDEN – LEIDENSCHAFTEN

Was auch zum Leben gehört

Ich irre von Leiden zu Leiden, denn noch hab ich die Heimat nicht berührt.

Das Zitat stammt aus der Odyssee des **Homer** und lautet wörtlich:

> *»Denn noch hab ich Achaia, noch hab ich unsere Heimat*
> *Nicht berührt; ich irre noch stets von Leiden zu Leiden …«*[199]

Ich verstehe die Irrfahrten des Odysseus als eine große Parabel für den menschlichen Lebensweg zu sich selbst, für die Suche der Seele nach ihrem individuellen Kern und ihrer Mitte, für die Verwirklichung der eigenen Persönlichkeit mit dem Ziel der Authentizität (Selbstsein), der Autonomie (Selbstbestimmung) und der Autarkie (im Altgriechischen: Selbstgenügsamkeit). Die lange Reise des Odysseus nach seiner Heimat Ithaka wird so zu einer allmählichen Selbstwerdung, zu einer langjährigen Suche mit leidvollen Irrungen, zu einem »*Spiegel des Menschenlebens*«, wie sie ein griechischer Redner einmal nannte[200]. Für die Griechen war Odysseus das Ideal eines weisen Menschen. Weisheit aber braucht Lebenserfahrung, und die ist nicht selten leidvoll.

Weil sie vor allem das Vergängliche und Bedrückende im Leben sahen, meinten die indischen Weisen, dass alles Leiden ist.

So zum Beispiel in den folgenden Yoga-Sutras des **Patañjali**, dem grundlegenden Text aller Yoga-Richtungen:

> *»Aufgrund der Leiden, die durch Veränderung, Bedrückung und unbewusste Eindrücke entstehen, und weil die Bewegungen der Kräfte der Natur sich gegenseitig stören, erkennen die unterscheidenden Weisen, dass alles Leid ist.*
> *Da die Verbindungen des Sehenden mit dem Gesehenen (die Wahrnehmung von Begehrlichkeiten) die Ursache des Leidens sind, kann es vermieden werden.«*[201]

Das ist die Wurzel der indischen Weltabgewandtheit und Spiritualität, nicht zuletzt auch der Ausgangspunkt für die Lehre Buddhas. Die vielfältigen Verbindungen mit dem Äußeren, sei es auch nur durch die sinnliche Wahrnehmung, werden als Ursache für das Leiden des Menschen angesehen. Sie reizen und wecken Begierden, deren Verfolgung selbst bei einer besonnenen Lebensweise unvermeidlich auch Leidvolles mit sich bringt, wollen wir nicht vollständig auf deren Befriedigung verzichten und das Leben eines Heiligen oder Yogi führen. Es ist die eigene Natur in Form unserer Triebe, Bedürfnisse, Wünsche und Sehnsüchte, die leidvolle Konflikte in uns hervorruft bei aller Freude und Lust, die sie uns ebenfalls ermöglicht.

»Wieso kann ich dem Leid nicht entgehen?«, fragte der Fürst von Lu.

Der *»Meister am Markt«* antwortete: *»Ihr Fell ist es, das sie (den erlegten Fuchs und Leopard) ins Unglück bringt. Ist nicht das Reich Lu das Fell Eurer Hoheit? Ich würde wünschen, dass Eure Hoheit sich entkleidet und dieses Fells entrate, das Herz besprenge, die Begierden abtöte und wandere nach den Gefilden jenseits der Menschenwelt! … das Volk dort ist einfältig (einfach) und gerade, ohne Selbstsucht und frei von Begierden. Sie verstehen Dinge zu machen, aber wissen sie nicht aufzuspeichern … Unbekümmert dem Zug des Herzens folgend wandeln sie und treffen doch das große Rechte …*

So machet Selbstlosigkeit und Entsagung zu Eurem Wagen (Lebensweg)! … Verringert Euren Aufwand, beseitigt Eure Begierden. Wer Menschen besitzt, kommt in Verwicklung; wer von Menschen besessen wird, kommt in Betrübnis.«[202]

In diesem Bild des chinesischen Philosophen **Zhuangzi** in der Tradition des Laotse wird der Weg aus dem Leiden gewiesen: Er besteht in der Freiheit von Besitz, Herrschaft, Begierden und Geschäftigkeit *(»Menschenwelt«)*. Das ist der Weg des Heiligen, Erleuchteten, vollendeten Weisen. Wir Menschen können uns diesem Ideal annähern und unser Leiden verringern, wenn wir Selbstgenügsamkeit und Bescheidenheit zu unserer inneren Haltung machen. Unser äußeres Leben brauchen wir dafür nicht zu verändern oder einzuschränken. Wir können begehren und genießen, wie wir es auch bisher tun. Aber wir hängen unser Herz nicht daran, haften nicht an, machen uns davon nicht abhängig und sind jederzeit bereit zu verzichten.

Leiden entsteht, wenn die Harmonie des naturgemäßen Zustands im Körper gestört wird.

In einem platonischen Dialog sagt **Sokrates**:

> *»Ich behaupte also, dass, wenn die Harmonie in den lebendigen Wesen sich auflöst, mit diesem Zeitpunkt eine Auflösung des naturgemäßen Zustandes und der Beginn von Schmerzen sich einstellt. … Fügt sie sich aber wieder zusammen und kehrt sie wieder in ihren naturgemäßen Zustand zurück, dann entsteht, wie wir behaupten müssen, Lust.«*[203]

Diese Aussage galt gleichermaßen für den Körper wie für die Seele. Der griechische Arzt Hippokrates war der Ansicht, dass die Gesundheit in einem ausgewogenen Verhältnis der Körpersäfte besteht. Platon übertrug diese Vorstellung auf die Seele, unter der er die Gesamtheit von Kräften, Trieben, Begierden, Affekten, Prägungen und Gefühlen verstand. Nicht selten bekämpfen sie sich gegenseitig und machen sich die Herrschaft streitig. Er nannte die Seele daher ein »vielköpfiges Ungeheuer«. Es gehe deshalb darum, die Seelenkräfte untereinander und mit der Seele als Ganzes zu befreunden, d.h. in Einklang zu bringen. Innere Ausgeglichenheit und Seelenruhe sowie ein naturgemäßes Leben sind danach identisch mit der Gesundheit der Seele, der Freiheit von Schmerz und Leid und dem Glück des Menschen. Innerer Zwiespalt, Unausgeglichenheit, leidvolle Konflikte aber, wo sie von einiger Dauer und Intensität sind, bezeichnete er mit vielen antiken Denkern als »Krankheiten der Seele«. Philosophie war ihnen daher in praktischer Hinsicht »Seelenheilkunde«.

Der Erleuchtete kennt nicht Tod, nicht Krankheit, nicht Leiden.

Das ist der Sinn der folgenden Stelle aus den altindischen **Upanishaden**:

»Der Schauende schaut nicht den Tod,
Nicht Krankheit und nicht Ungemach;
Das All nur schaut der Schauende,
Das All durchdringt er allerwärts.«[204]

Der Schauende ist der, dem die Erkenntnis über das Wesen des Menschen und der Welt aufgegangen ist, der die Identität der eigenen Seele (Atman) mit der Weltseele (Brahman) erfahren hat. Er ist der Erleuchtete, der Weise. Alles Äußere berührt seine Seele nicht mehr, ist ihm unwirklich geworden, ist bloßer Trug und Schein, »Maja«, im Verhältnis zu dem, was er in sich fühlt und erlebt. Die Seele hat, so die indische Lehre, aufgehört zu leiden und zu erleiden. Sie ist zum teilnahmslosen Betrachter geworden und schaut entzückt auf das ewig sich drehende Rad des Lebens. Tatsächlich ist die weise Lebensführung häufig als ein Weg beschrieben worden, auf dem wir immer weniger haben, immer weniger wollen, immer weniger bedürfen, immer weniger anhaften und festhalten, dafür immer mehr innere Freude am bloßen Sein und Schauen erleben, immer mehr im Hier und Jetzt aufgehen.

Menschen von Charakter, Scharfsinn, Klugheit und Weisheit haben in der Regel lange in Not und Elend gelebt.

Das Leiden hat auch etwas Positives: Leiden kann uns etwas lehren. Das meinte bereits der griechische Tragiker Aischylos, als er die berühmten Worte sprach: »Durch Leiden lernen«. Der chinesische Philosoph **Menzius**, von dem das Ausgangszitat stammt, fährt fort:

> *»Da sind die verlassenen Diener ihres Herrn und die ungeliebten Kinder, die immer in ihrem Herzen auf der Hut sein müssen vor Gefahren und tief in Sorgen und Leid sind: Darum bringen sie es zu etwas.«*[205]

Dass in jedem Leiden noch ein Sinn zu finden ist, war eine der wesentlichen Überzeugungen des Psychiaters Victor E. Frankl, Auschwitz-Überlebender und Begründer der Logotherapie und Existenzanalyse. Tatsächlich können wir in den Biografien zahlreicher bedeutender Dichter, Denker und Künstler heftige Leidensphasen feststellen. So können auch wir uns bei jedem Leiden fragen, ob es uns etwas sagen will, ob wir etwas daraus lernen können, ob wir nicht durch einen Wechsel der Perspektive im Leiden auch etwas Nützliches erkennen können. »Bring mir, was du willst, und ich werde es zum Guten zu wenden wissen.«[206]

Das beste Haus ist das, welches die geringste Einrichtung braucht.

Als Alexander der Große Indien erreichte, stieß er auf Yogis, die in den Wäldern lebten und meditierten. Weil sie keine Kleider trugen, nannten die Griechen sie »Gymnosophisten« (nackte Weise). Alexander wollte wissen, was sie lehrten. Onesikritos, den er ausschickte, berichtete:

> *»Was er (Mandanis, der weiseste unter den angetroffenen Yogis) sagte, zielte auf Folgendes ab: Die beste Philosophie ist diejenige, welche die Seele von Lust und Leid befreit. Leid (griech. lype = Schmerz, Unglück) und Leiden (griech. ponos = Arbeit, mühsame Anstrengung) sind nicht dasselbe: Das eine ist schädlich, das andere gut für uns. Man trainiert den Körper dahin, dass ihm Anstrengungen nichts ausmachen*[207]*, damit das Denken stärker wird … Spricht man bei euch Griechen auch solche Gedanken aus?«*[208]

Onesikritos bejahte die Frage und zitierte Pythagoras, Sokrates und Diogenes, die Ähnliches gesagt hatten. Darauf erwiderte Mandanis:

> *»Im großen Ganzen sind das recht vernünftige Leute, aber einen Fehler haben sie gemacht: Sie haben die Sitte über die Natur gestellt. Hätten sie das nicht getan, so hätten sie sich nicht geschämt, nackt zu leben, wie ich, und äußerst einfach. Das beste Haus ist das, welches die geringste Einrichtung braucht.«*[209]

ÜBUNG

Ohne sie keine Entwicklung

Das Wichtigste bei der Weisheit ist, dass man sie immer wieder übt und anwendet.

Etwas verstehen ist der erste Schritt, das Verstandene anwenden der zweite. Den ersten Schritt machen viele, am zweiten scheitern die meisten, doch ohne den zweiten ist der erste wertlos. Weisheit heißt, das erworbene Wissen, eine gewonnene Einsicht oder gemachte Erfahrung auch *leben,* das heißt in den Alltag und in die Lebenspraxis überführen. Wo eine Einsicht nicht gelebt wird, da bleibt unser Wissen fruchtlos. Es ist gewiss kein Zufall, dass die ersten Worte der überlieferten Gespräche des **Konfuzius** lauten: »*Etwas lernen und sich immer wieder darin üben – ist das nicht der Weg zum Glück?*«[210] Wie der Körper ständiges Training braucht, um gesund und in guter Verfassung zu bleiben, so braucht auch das Seelenleben ein ständiges mentales Training, um sich wohlzufühlen und Glück zu erleben. Die Selbstbeherrschung ist der Muskel der Seele. Ihn gilt es zu trainieren. Im Wesentlichen geht es darum, die Kraft, das Selbstvertrauen und den Willen zu stärken, das zu tun, was uns nachhaltig guttut. Das bedeutet häufig Verzicht und Selbstüberwindung, ein Zügeln und Maßhalten solcher verführerischen Wünsche und Begierden, die uns schädigen und Leid bereiten, wenn wir ihnen übermäßig nachgeben.

Die Gewöhnung führt zu der Fähigkeit, etwas zu tun, die Kenntnis der Theorie dagegen nur zu der Fähigkeit, darüber zu reden.[211]

Die Worte stammen von dem hoch angesehenen römischen Philosophen **Musonius Rufus** und bringen auf den Punkt, worum es bei der Weisheit geht: dass wir, nachdem wir etwas über die richtige Lebensführung gelernt haben, uns darin so lange üben, bis das Gelernte zu einer festen Gewohnheit, zu einer inneren Haltung, zu einem Teil unseres Charakters geworden ist. Nur eine Veränderung unserer Gewohnheiten bringt uns weiter. Nur sie entwickelt die Persönlichkeit. Dabei ist nicht nur an Verhaltensgewohnheiten zu denken. Noch stärker prägen und leiten uns Gewohnheiten oder Muster im Denken, Vorstellen, Werten und Wollen. Solche Gewohnheiten sind die Autobahnen unserer Entscheidungen, unsere Vernunft nur ein schmaler Fußweg, der wenig begangen wird.

Der inneren Dämonen wird nur Herr, wer Maß hält und sich ständig darin übt.

In der indischen **Bhagavadgita** sagt der Gott Krishna zum Helden Arjuna:

»Wohl ist, o Held, zu zügeln schwer
Des ›Herzens‹ Vielbeweglichkeit,
Doch bannet es, o Kuntis Sohn (Arjuna),
Die Übung und Besonnenheit.
Wer sich nicht selbst im Zaume hält,
Den Yoga nur sehr schwer erringt,
Doch wer den rechten Weg beschritt,
Bis zur Vollendung vorwärtsdringt.«[212]

»Besonnenheit« wird auch mit »Entsagung« übersetzt.[213] Gemeint ist ferner das Maßhalten. Das Sanskritwort »Yoga« kommt von »zusammenbinden, anspannen, anschirren« und ist noch in unserem Wort »Joch« enthalten. Yoga ist eine Richtung der klassischen indischen Philosophie, vor allem aber eine Übung in der Steuerung und Lenkung von Körper, Atem und Geist. Er zielt auf vollkommene Selbstbeherrschung und strahlt in seiner Wirkung auf die ganze Lebensführung aus.

Auch der Weise ist nicht vollkommen und übt sich ständig.

Es gibt einen bemerkenswerten Ausspruch von **Konfuzius**, der zeigt, dass er bei all seiner Weisheit Mensch geblieben ist und als solcher Erbe menschlicher Schwächen:

> »*Was Wissen und Bildung angeht, so stehe ich anderen Leuten nicht nach. Aber mich selbst im praktischen Leben immer wie ein Edler (Weiser) zu verhalten – das habe ich noch nicht erreicht.*«[214]

Weisheit ist nichts Abgehobenes oder Fernliegendes, sondern etwas, das jeder Mensch mehr oder weniger besitzt. Sobald wir darüber nachdenken, was wir tun sollen, fragen wir unausgesprochen danach, was gut für uns ist. Weisheit ist nichts anderes als die Summe der Einsichten in das, was uns guttut, also zu einem glücklichen und erfüllten Leben führt. Niemandem gelingt es in seinem Leben, Fehler zu vermeiden. Aber aus ihnen nicht zu lernen, das ist sträflich. Konfuzius: »*Fehler begehen und sich nicht ändern, das heißt fürwahr Fehler begehen!*«[215]

Es heißt, eine Alte habe jeden Tag ein Kälbchen hochgehoben und am Schluss einen Ochsen getragen.[216]

Diese griffige Formel stammt von dem römischen Philosophen **Favorinus** und trifft auf das körperliche wie seelische Training gleichermaßen zu. Es braucht nicht viel, um Fortschritte im Leben zu machen, aber das wenige sollte man das ganze Leben über tun. Dann können wir aus eigener Kraft zahlreiche seelische Belastungen und daraus folgende körperliche Leiden entweder ganz aufheben oder doch erheblich mindern. Es ist verwunderlich, dass wir täglich acht Stunden und mehr aufwenden, um Geld zu verdienen und uns ein angenehmes Leben leisten zu können, es uns aber schwerfällt, eine halbe Stunde frei zu halten, um unser körperliches und seelisches Wohlbefinden auf direktem Weg zu verbessern.

Dass wir durch Beharrlichkeit sogar schier Unmögliches erlernen können, wie das Zitat andeutet, bestätigen die an Wunder grenzenden Fähigkeiten von Yogis und Mönchen in fernöstlichen Klöstern. Schon Alexander der Große und seine Krieger konnten bestaunen, wie ein Yogi, der fühlte, dass die Zeit zum Sterben gekommen war, aufrecht und ohne einen Laut von sich zu geben, sich lebendig auf einem Scheiterhaufen verbrennen ließ.

Alle Menschen sagen: Ich weiß, und sind doch nicht imstande, auch nur einen Monat danach zu leben.

Das Zitat stammt aus dem »**Buch der Riten, Sitten und Gebräuche**« (Liji, Li Gi), einem der kanonischen Schriften der Chinesen, das vermutlich von Konfuzius bearbeitet wurde. Das Kapitel, in dem sich das Zitat findet, heißt »Maß und Mitte«. Es lohnt sich, die Stelle im Zusammenhang zu lesen:

> *»Der Meister (Konfuzius) sprach: Die Menschen sagen alle ›Ich weiß‹. Aber sie stürzen blindlings vorwärts und verwickeln sich in Netze und Stricke, in Fallen und Gruben, und keiner ist, der sie zu meiden wüsste. Die Menschen sagen alle: ›Ich weiß‹. Aber wenn sie Maß und Mitte erwählt haben, so können sie nicht einen Monat lang daran festhalten.*
> *Der Meister sprach: Hui (Lieblingsjünger des Konfuzius) war als Mensch so, dass er Maß und Mitte wählte; und wenn er ein Gutes erlangt hatte, so hielt er es mit beiden Händen in seinem Busen fest und verlor es nie wieder.*
> *Der Meister sprach: Es kann einer ein Reich ins gleiche bringen (befrieden, ordnen), es kann einer auf Amt und Würden verzichten, es kann einer auf bloße Messer treten – und Maß und Mitte doch noch nicht beherrschen.«*[217]

Der Weise trainiert seinen Körper auf dem Sportplatz und die Seele durch Erziehung.

Das Zitat stammt von dem griechischen Philosophen **Antisthenes**, einem Schüler des Sokrates. Wörtlich lautet es:

> *»Wer ein tüchtiger Mann werden will, muss den Körper auf dem Sportplatz und die Seele durch Erziehung trainieren.«*[218]

»Tüchtigkeit« oder Tugend meint einen Zustand in seiner besten Verfassung.[219] Das Bemerkenswerte bei dem Ausspruch ist die Parallelität von körperlicher und seelischer Übung, die zu Fitness, Gesundheit und seelischem Wohlbefinden führt. Dass regelmäßiges körperliches Training guttut, ist weithin bekannt. Viele Menschen praktizieren es. Für das seelische Training fehlt ein solches Bewusstsein. Es sind daher nur wenige Menschen, die regelmäßig und systematisch ihre seelischen und mentalen Kräfte im Hinblick auf ihre Lebensführung stärken und wissen, was sie dafür tun können. Neben der praktischen Umsetzung von verinnerlichter Weisheit ist hier an eine kontinuierliche Beschäftigung mit Weisheitstexten bzw. mit praktischer Philosophie zu denken oder an Gespräche mit Freunden. Es braucht nicht viel Zeit, aber Beharrlichkeit ist unabdingbar.

TAPFERKEIT, MUT

Bereit sein, sein Selbst zu wagen

Tapfer ist nicht nur, wer über seine Feinde, sondern auch wer über seine Lüste siegt.

Das Zitat stammt von dem griechischen Philosophen **Demokrit**. Es folgt der Zusatz:

> »*Manche freilich herrschen über Städte und sind [doch] Knechte von Weibern!*«[220]

Dies ist nicht gegen Frauen gerichtet, sondern eher eine frühe Bestätigung ihrer großen Bedeutung und gewichtigen Stellung im alltäglichen Leben der Griechen. Gemeint ist, dass auch mächtige Menschen häufig Sklaven ihrer sinnlichen Begierden sind. Im Äußeren überwinden sie viel, im Inneren versagen sie. Gegen andere sind sie stark, gegen sich selbst schwach. In der Welt feiern sie Siege, in der eigenen Seele erleiden sie Niederlagen. Die Tapferkeit, eines der höchsten Güter der alten Griechen, hat ihren festen Platz in der antiken Tugend- und Weisheitslehre: Zu einem weisen Leben gehören Kraft, Mut und die Ausdauer, immer wieder die eigenen inneren Widerstände zugunsten einer selbstbestimmten Lebensführung zu überwinden. Es ist manchmal leichter, andere von etwas zu überzeugen und zu einer Änderung ihres Denkens, Wollens und Verhaltens zu bringen als sich selbst.

Zur Lebensweisheit gehört, dass der Mensch standhaft bei dem verharrt, was er für richtig erkannt hat.

Dieser Sinn ist in folgenden Worten des **Konfuzius** enthalten:

> *»Ein Mensch, der standhaft ist, den Entschlossenheit und Einfachheit auszeichnen und der darüber hinaus seine Worte mit Überlegung wählt – der kommt wahrer Sittlichkeit (Weisheit) nahe.«*[221]

Tapferkeit ist Standhaftigkeit: Wir halten an dem fest, stehen dafür ein, setzen um, was wir als richtig erkennen. Haltung ist die innere Überzeugung, die einen prägt und in Fleisch und Blut übergegangen ist, sodass wir auch in schwierigen Situationen, wenn es wehtut, daran festhalten. Mut, Entschlossenheit und Einfachheit gehören zu einer weisen Lebensführung. Wer nicht die Kraft aufbringt, seiner Einsicht auch gegen die eigenen inneren Widerstände zu folgen, der hat das Steuerruder seines Lebens aus der Hand gegeben. Es ist interessant, dass Konfuzius in diesem Zusammenhang die Einfachheit anführt. Vielleicht hat er die Erfahrung gemacht, dass das Gute und Richtige manchmal von einer Vernunft zerredet wird, deren leiblicher Träger Konsequenz und Beharrlichkeit vermissen lässt und der nach Ausflüchten sucht, die Mühen, Bürden und Leiden auf sich zu nehmen, die erforderlich sind, um zu sich selbst zu stehen. Wenn Konfuzius von »*Sittlichkeit*« spricht, dann meint er damit so etwas wie überlieferte Lebensweisheit, nicht aber die in einer Gesellschaft herrschenden Vorstellungen vom richtigen Umgang miteinander. Diese können weise und gut sein, müssen es aber nicht.

Man übe Yoga mit frohem Mut und äußerster Entschlossenheit.

In der indischen **Bhagavadgita** lesen wir:

> *»Das nennt den wahren Yoga man,*
> *Der aus des Schmerzes Haft befreit,*
> *Den übe man mit frohem Mut*
> *In äußerster Entschlossenheit.«*[222]

»Befreiung aus des Schmerzes Haft« bedeutet *»Loslösung vom Leidenskomplex«*[223], der nach indischer Auffassung mit einem ich-zentrierten und selbstsüchtigen Leben notwendig verbunden ist. Dieser Gedanke wurde zentral für die Philosophie Buddhas. Wie jede Lebensweisheit erfordert Yoga immer wieder Selbstüberwindung, d.h. Ausdauer, einen festen Willen und Mut, sich gegen ein Ego durchzusetzen, das bequemer leben will und den Verführungen eines angenehmen Lebens allzu leicht und unkritisch nachgibt, ohne die Folgen zu bedenken. Je laxer wir unser Leben handhaben, umso mehr entfernen wir uns von einer weisen Lebensführung. Zwar gehört zur Weisheit neben dem Ernst auch eine Leichtigkeit des Seins. Aber diese Leichtigkeit fällt uns nicht in den Schoß, sondern will erarbeitet werden. Sie bedeutet nicht ein Laisser-faire oder Nachlassen der Selbststeuerungskräfte. Sie ist ständig Gefährdungen ausgesetzt, die nur diejenigen zu meistern verstehen, die wohltuende Haltungen fest in ihrem Denken, Wollen und Handeln verankert haben.

Weisheit, Menschlichkeit, Mut: Diese drei sind die immer wirksamen Geisteskräfte auf Erden.

Die Stelle stammt aus dem chinesischen »**Buch der Riten, Sitten und Gebräuche**« (Liji, Li Gi) und lautet vollständig:

> »›*Weisheit, Menschlichkeit, Mut: Diese drei sind die immer wirksamen Geisteskräfte auf Erden. … Liebe zum Lernen führt hin zur Weisheit, kräftiges Handeln führt hin zur Menschlichkeit, sich schämen können führt hin zum Mut. Wer diese drei Dinge weiß, der weiß, wodurch er seine Person zu bilden hat. Wer weiß, wodurch er seine Person zu bilden hat, der weiß, wodurch er die Menschen ordnen kann. Wer weiß, wodurch er die Menschen ordnen kann, der weiß, wodurch er die Welt, den Staat, das Haus ordnen kann.*‹«[224]

Hier kommt eine der wesentlichen Weisheiten des Konfuzianismus zum Ausdruck: Jede nachhaltige Umgestaltung und Verbesserung der gesellschaftlichen Verhältnisse hat von dem einzelnen Menschen auszugehen. Wer sich selbst weiterentwickelt, vom dem wird ein Impuls auf die Gesellschaft ausgehen, sei es auch nur auf seine unmittelbare Umgebung. Von dieser aber wird der Impuls weitergetragen und zieht größere Kreise. Alles hängt mit allem zusammen. Alles hat seine Ursache und Wirkung. »*Weisheit*« steht hier für Einsicht, Erkenntnis und Verstehen, »*Menschlichkeit*« für den gelingenden, fried- und freudvollen Umgang mit sich und anderen, »*Mut*« dafür, für diese beiden Ziele keine Mühen zu scheuen und alle Kraft darauf zu verwenden, Widerstände, Bequemlichkeiten und Trägheit zu überwinden.

Der Weise ist ein Krieger gegen Lust und Leid.

Das ist der Sinn folgender Stelle aus einem Brief des griechischen Philosophen **Diogenes** von Sinope:

> *»Du aber fahr mit der Übung fort, die du begonnen hast, und wehre dich nach Kräften gleichermaßen gegen Lust und Leid, denn wir sind dazu da, gegen beide gleichermaßen Krieg zu führen und uns den Umständen in den Weg zu stellen, denn das eine (die Lust) führt zum Schlechten hin, und das andere (das Leid) führt, weil man es fürchtet, vom Guten weg.«*[225]

Mit »*Lust*« ist hier nicht Lust in unserem heutigen Wortsinn gemeint, die überwiegend positiv verstanden wird, sondern nur eine solche Lust, die mehr Leid als Freude mit sich bringt. Dies können wir aus all dem schließen, was wir sonst über Diogenes wissen. Er war selbstgenügsam und anspruchslos, aber keineswegs lustfeindlich. Das Zitat ist eine Umschreibung der Tapferkeit gegen die Verführungen, die aus der eigenen Seele herrühren, etwa dem verbreiteten Drang, beim Essen, Trinken oder Arbeiten das gesunde und wohltuende Maß zu überschreiten; oder umgekehrt dieses Maß aus Bequemlichkeit oder Trägheit zu unterschreiten, etwa, sich zu wenig auf sich selbst zu besinnen, sich zu wenig an der frischen Luft zu bewegen, sich zu wenig um das Wohlergehen anderer Menschen zu kümmern. Wenn wir nicht standhaft solchen inneren Kräften und Widerständen entgegenarbeiten und uns immer wieder um ein gesundes Maß bemühen, leben wir weder ein weises noch ein glückliches Leben.

Ein großes Unglück ist es, ein Unglück nicht ertragen zu können.[226]

Der Ausspruch stammt von dem griechischen Philosophen **Bion** von Borysthenes. Auch das ist Tapferkeit: den unausweichlichen Wechsel von Glück und Unglück, der jeden von uns regelmäßig heimsucht und uns daran erinnert, dass wir keine allmächtigen Götter sind, sondern nur Menschen, die dem schwankenden Schicksal ausgeliefert sind – diesen Wechsel von Glück in Unglück auszuhalten, geduldig zu ertragen und zu warten, bis das Schicksal es wieder besser mit uns meint. Vieles können wir selbst dafür tun, dass das Unglück nicht lange bei uns verweilt, aber ein Rest von Geschick bleibt unbeherrschbar. Wir leben im Unversicherbaren (Hans-Erich Nossack) und Unverfügbaren. Das macht gerade unsere Lebendigkeit aus und ist Voraussetzung dafür, dass wir uns über etwas freuen können. Vor der Bezahlung unserer Rechnung für all unsere Freuden, die uns das Leben geschenkt hat, sollten wir uns nicht drücken. Sie zu bezahlen fällt uns umso leichter, je besser wir gelernt haben, Unglück tapfer zu ertragen.

Ein tapferes Herz in übler Zeit ist ein Kamerad für seinen Herrn.

Die Worte finden sich in einem ägyptischen Papyrus (Sprüche des **Cha-Schope-Re-Seneb**, ca. 1900 v. Chr.). Weiter heißt es dort:

> *»Ach, hätte ich doch ein Herz, das zu ertragen weiß, so würde ich mich darauf stützen, dass ich es belüde mit Worten des Elends, dass ich mein Leid zu ihm hintriebe … Komm doch, mein Herz, dass ich zu dir rede, dass du auf meine Sprüche mir antwortest, dass du mir die Dinge erklärst, die durch das Land gehen, die da im Licht stehen und offen liegen.«*[227]

Hier wird die Tapferkeit nicht verstanden als Mut gegen Feinde, sondern als Standhaftigkeit des Gemüts gegenüber Widrigkeiten des Schicksals, als Duldsamkeit, als innere Integrität. Interessant ist auch der Schlusssatz: Äußeres Unglück zu ertragen fällt leichter, je besser wir die Welt verstehen und annehmen, wie sie tatsächlich ist, nicht wie wir sie uns wünschen *»dass du mir die Dinge erklärst«*. Wenn wir ein Unglück geistig verarbeiten, indem wir seine Ursachen verstehen, geht es uns besser. Die geistige Verarbeitung beginnt damit, dass wir uns das *»Elend«* selbst erzählen und verstehen, dass wir uns *»unser Herz ausschütten«*, wie wir heute sagen würden.

ANMERKUNGEN

1 Seneca II 140 (Von der Kürze des Lebens): »Wir pflegen zu sagen, die Wahl unserer Eltern stehe nicht in unserer Macht, der Zufall sei es, der sie den Menschen gebe. Nein! Die Verfügung über unser Dasein liegt in unserer eigenen Hand. *Es gibt Familien der edelsten Geister: wähle, in welche du dich aufgenommen sehen willst …«.* Die verkürzte Übersetzung folgt Pohlenz, Die Stoa, I 305.

VORWORT

2 »quid rides? mutato nomine de te fabula narratur« Horaz, Sämtliche Werke, Satiren I 1, Vers 69 f. »Worüber lächelst du? Nur der Name ist verändert: du bist der Held der Sage« (vorher war von den Qualen des Tantalos die Rede).

3 Vgl. Platon, Sämtliche Dialoge, Phaidros 260.

4 Jaeger, S. 131. Text geringfügig geändert.

STILLE

5 Laotse, Tao te king, Nr. 16; Durant 3, 38.

6 Nestle, Die Nachsokratiker, I 206.

7 Bhagavadgita, 2, 65.

8 Bhagavadgita, 6, 27.

9 Liä Dsi, Einleitung, S. 19.

10 Luck, S. 367 (Gellius zu Favorin).

11 Marc Aurel, 10, 8.

12 Marc Aurel, 6, 11.

13 Bissing, S. 52.

MASSHALTEN

14 Schwarz, S. 236; ganz ähnlich spricht Platon von der Messkunst, Platon, Sämtliche Werke, Protagoras, 357 a.
15 Hesiod, Werke und Tage, 694.
16 Bissing, S. 93 f.
17 Konfuzius, Schulgespräche, 15, 8.
18 Rüdiger, S. 164, Nem. 6, 127 ff. (6. Nemeische Ode).
19 Laotse, Tao te king, Nr. 77; Text geringfügig geändert. Im Text steht für »was zu viel hat« (11. Zeile): »das zu viel hat«.
20 Seneca (Rosenbach) V 9 (Über die Milde); Satzbau leicht verändert.

UMSETZUNG VON WEISHEIT

21 Konfuzius, Gespräche, I 1; statt »Freude« steht dort »Befriedigung«, mit »Freude« übersetzen Stange und Dawson.
22 Seneca III 54 Brief 16.
23 Bhagavadgita, 18, 36 f.
24 Zitiert nach Horn, S. 34 (Briefe an Lucilius, ep. 94, 48).
25 Geldsetzer, S. 77.
26 Feuchtersleben, S. 14.
27 Cope, S. 402.
28 Desikachar/Krusche, S. 103.
29 Buch der Riten, Sitten und Gebräuche, S. 34. Text leicht geändert.

SELBSTBEHERRSCHUNG

30 Homer, Il. 1, 207 (hier wie im Folgenden zit. nach Snell, S. 148).
31 Snell, S. 148; in den Scholien: Athena sei Sophrosyne (Besonnenheit).
32 Homer, Il. 1, 212 ff.
33 Homer, Il. 1, 216 f.
34 Schwarz, S. 216 (Tao-Te-King, Nr. 33).
35 Luck, S. 214 (aus einem Krates zugeschriebenen Brief).
36 Buch der Riten, Sitten und Gebräuche, S. 95; eigentlich »der

Edle«. Der »Edle« und der »Weise« sind nicht dasselbe, aber nahe verwandt, vgl. Buch der Riten, Sitten und Gebräuche, S. 252 ff.

37 Upanishaden, S. 330 (256) Maha-Narayana-Up. 63, 4 f. Für »Fehler« steht im Text »Sünde«.

38 Seneca III 309 Brief 75.

39 Plutarch, S. 187 f. (De virtute morali).

GLÜCK

40 Bissing, S. 124 f.

41 Deussen, S. 187 (Euthydemos 287 E ff. he sophía eutychía estín).

42 Ebenda, S. 188.

43 Konfuzius, Schulgespräche, 11, 3.

44 Platon, Sämtliche Dialoge, 334 E (7. Brief); statt »die Masse« steht im Text »der große Haufe«.

45 zitiert nach Pohlenz, Der hellenische Mensch, S. 361.

46 Capelle, S. 66.

47 Schwarz, S. 206; im Text steht »Kein Tor …«.

MUSIK

48 Buch der Riten, Sitten und Gebräuche, S. 227 f.; Text geringfügig geändert. Für »der Weise« steht im Text »der Schriftgelehrte«.

49 Konfuzius, Gespräche, VIII 8.

50 Upanishaden, S. 478 (383) Brihadaranyaka 1, 2, 1; Zimmer, S. 118 f. Text geringfügig geändert.

51 Nestle, Die Sokratiker, S. 255.

52 Konfuzius, Schulgespräche, 44, 9.

53 Zotz, S. 224 f.

54 Konfuzius, Schulgespräche, 15 ,6.

55 Buch der Riten, Sitten und Gebräuche, S. 107; statt »bewirkt« steht im Text »wirkt«.

56 Schwarz, S. 234.

SELBSTSORGE

57 Konfuzius, Schulgespräche, 13, 4.

58 Luck, S. 148.

59 Luck, S. 57 (51, 16); ob der Text wirklich von Antisthenes stammt oder einem anderen griechischen Denker, ist ungewiss, siehe Anm. Luck, S. 472. Text geringfügig geändert.

60 Zhuangzi, XVI 4. Text geringfügig geändert.

61 Seneca II 147 (Von der Kürze des Lebens).

62 Strauß, XII; im Text steht statt »Weisen« »Heiligen« ohne größeren sachlichen Unterschied; vgl. Buch der Riten, Sitten und Gebräuche, S. 252 ff., im »›Buch der Wandlungen« ist einmal vom »heiligen Weisen« die Rede, I Ging, S. 277 ff.

63 Schwarz, S. 188 (Zhuangzi).

PFLICHT

64 Bhagavadgita 2, 47 f.

65 Marc Aurel 6, 22.

66 Mong VII A 18 (160).

67 Platon, Sämtliche Werke, 7. Brief (340). Im Text steht »Führer« für »Lehrer«.

68 Konfuzius, Gespräche, XIV, 42; statt »Weiser« steht in der Übersetzung »Edler«. Der Unterschied kann jedoch vernachlässigt werden.

69 Marc Aurel 3, 12.

70 Zhuangzi, XIV 5.

DANKBARKEIT

71 Laotse, Tao te king, Nr. 67.

72 Ernst Schwarz: »Mitleid«, in Laudse, Daudedsching, Leipzig 1985; Victor von Strauß: »Barmherzigkeit«, in Lao-Tse, Tao Te King, Zürich 1959.

73 Epiktet, Teles und Musonius, S. 201, 203.

74 Epikur, S. 166, 135.

75 Buch der Riten, Sitten und Gebräuche, S. 168.

76 Buch der Riten, Sitten und Gebräuche, S. 167.

77 Noetzel, S. 14.

78 Bissing, S. 94.

79 Schimmel, S. 116.

ZORN

80 Bissing, S. 81.

81 Buch der Riten, Sitten und Gebräuche, S. 59.

82 Bhagavadgita, 16, 21.

83 Verse 9–11: http://www.zeitenschrift.com/news/sn-13704-goldeneverse.ihtml.

84 Zhuangzi, II 2 (54).

85 Bhagavadgita, 5, 26.

86 Schwarz, S. 192, 200.

87 Richard Wilhelm übersetzt mit »Lust«: Zhuangzi, II 2; Zhuangzi, XI 1.

EINFACHHEIT

88 Epikur, S. 108, 33.

89 Zhuangzi, XX 3.

90 Zitiert nach Fritz, S. 334.

91 Euripides, Bd. II, Phoenikerinnen 469: »Das Wort der Wahrheit lautet stets einfach und schlicht.«

92 Seneca III 170 Brief 49.

93 Laotse, Tao te king, Nr. 37.

94 Laotse, Tao te king, Nr. 37 (Ü. Strauß).

95 Buch der Riten, Sitten und Gebräuche, S. 52; statt »Weiser« steht dort »Edler«, was aber nicht weit auseinanderliegt.

96 Tsunetomo, S. 90.

KÖRPER

97 Xenophon, Erinnerungen, S. 107; Text geringfügig geändert.
98 Luck, S. 383 (Lukian); Text geringfügig geändert.
99 Patañjali, I 31–33.
100 Buch der Riten, Sitten und Gebräuche, S. 222.
101 Schwarz, S. 213.
102 Xenophon, Gastmahl 17. Text geringfügig geändert.
103 Reden des Buddha, S. 70.

GEGENSÄTZE

104 Liä Dsi, I 7.
105 Nestle, Die Vorsokratiker, S. 109; Homer, Il. 18, 107.
106 Platon, Sämtliche Dialoge, Gastmahl 187.
107 Capelle, S. 107 (Aristoteles); Text geringfügig geändert.
108 I Ging, S. 64.
109 Nestle, Die Vorsokratiker, S. 217.
110 Zhuangzi, XII 2. Für »Der Edle, der davon erleuchtet ist« steht im Text »Der Edle, der von diesen zehn Dingen erleuchtet ist«; ich habe einige Dinge weglassen müssen.

DEMUT

111 Einheitsbibel, Sir 10, 28.
112 Tsunetomo, S. 22.
113 Yogananda, S. 446.
114 Oldenburg, S. 236.
115 Laotse, Tao te king, Nr. 72.
116 Wikipedia, Artikel »Solon«.
117 Demandt, S. 93 (304); gemeint ist wohl der Stoiker Zenon von Kition, nicht der Vorsokratiker Zenon von Elea.
118 Capelle, S. 66.

AUFRICHTIGKEIT – AUTHENTIZITÄT

119 Seneca II 69 (Von der Gemütsruhe); »zugrunde richten« = »nos perire«.

120 Schwarz, S. 172.

121 Hesiod, Werke und Tage, 263.

122 Mong III B 7.

123 Luck, S. 177.

124 Patañjali, II 36.

125 Buch der Riten, Sitten und Gebräuche, S. 337 f.

LUST

126 Liä Dsi, II 7.

127 Bhagavadgita, 18, 36–38.

128 Zitiert nach Bhagavadgita, S. 8. Gandhi, S. 271: »Für mich wurde die Gita zum unfehlbaren Leitfaden des Verhaltens. Sie wurde mein Wörterbuch, auf das ich mich täglich bezog. Ebenso wie ich das englische Wörterbuch aufschlug, um die Bedeutung englischer Worte zu ermitteln, wandte ich mich an dieses Wörterbuch des Verhaltens zur raschen Lösung all meiner Kümmernisse und Prüfungen.«

129 Bissing, S. 83 und 85.

130 Bissing, S. 83.

131 Mong I A 2 (2).

132 Capelle, S. 65.

133 Epikur, S. 59, 5.

134 Luck, S. 132.

MITMENSCHLICHKEIT

135 Nestle, Die Nachsokratiker, II 223 f.

136 I Ging, S. 272 ff.; Text geringfügig geändert.

137 Brüll, S. 257.

138 Easwaran, S. 71 (Brihadaranyaka-Up. 4, 4, 23).

139 I Ging, S. 143 f.

140 Epiktet, Teles und Musonius, S. 119 (II 10). Text geringfügig geändert.

141 Ebenda, S. 121 (III 20).

142 Patañjali, III 23.

ÜBERHEBLICHKEIT – HYBRIS

143 Homer, Od. 18, 12 ff.

144 Buch der Riten, Sitten und Gebräuche, S. 151; statt »Weiser« steht im Text »Edler«, ohne dass zwischen beiden ein größerer Unterschied wäre.

145 Luck, S. 298. Text geringfügig geändert.

146 Straub, S. 87.

147 Nestle, Griechische Lebensweisheit, S. 20.

148 Nestle, Die Nachsokratiker, II 90.

149 Zhuangzi, XXIV 8 (264 f).

150 Luck, S. 177.

GELASSENHEIT – DULDSAMKEIT

151 Nestle, Griechische Lebensweisheit, S. 28 (Theognis).

152 Brunner, S. 326 f.

153 Liä Dsi, I 12.

154 Luck, S. 387 (Lukian über Demonax).

155 Brunner, S. 112.

156 Nestle, Die Nachsokratiker, II 203.

157 Schwarz, S. 226; Text geringfügig geändert.

VERDINGLICHUNG

158 Schwarz, S. 190.

159 Demandt, S. 26 (55).

160 Laotse, Tao te king, Nr. 36.

161 Nestle, Die Sokratiker, S. 148.
162 Platon, Sämtliche Dialoge, Phaidros 279A/B.
163 I Ging, S. 86; zu anderen Interpretationen Schilling, S. 69, 529 ff.
164 Zhuangzi, XXV 10; letzter Satz bei Victor A. Mair: »Without words and without silence, our deliberations reach their utmost limits.«
165 Seneca II 41 (Vom glückseligen Leben); Text geringfügig geändert.

MITTE

166 Buch der Riten, Sitten und Gebräuche, S. 53; im Text steht der »Edle« statt der »Weise«.
167 Boethius, S. 130.
168 Reden des Buddha, S. 32 f. Text geringfügig geändert. Ich verstehe den achtgliedrigen Pfad als rechte Haltungen, rechtes Wollen, rechtes Reden, rechtes Verhalten, rechter Broterwerb, rechtes Üben, rechte Achtsamkeit, rechte Meditation (Thich Nhat Hanh, S. 79 f.).
169 Geldsetzer, Han-ding Hong, S. 158. Text geringfügig geändert.
170 Nestle, Die Sokratiker, S. 253; Text geringfügig geändert.
171 Konfuzius, Gespräche, XI 16.
172 Geldsetzer, Han-ding Hong, S. 161.
173 Zhuangzi, XIX, 5.

VERZICHT – ENTSAGUNG

174 Homer, Od. 14, 443 f.
175 Homer, Il. 16, 250.
176 Bhagavadgita, 12, 12. Text geringfügig geändert.
177 Laotse, Tao te king, Nr. 44.
178 Schwarz, S. 195; Text geringfügig geändert, insbes. »Selbst« durch »Ich« ersetzt. Dies geschieht im Hinblick auf eine verbreitete Auffassung, die auch zur Erklärung antiker Gedanken gebraucht

wird. Danach wird zwischen dem weltverfallenen, uneigentlichen, entfremdeten »Ich« und einem »Selbst« unterschieden, das sich durch Authentizität, Wahrhaftigkeit und Wesenhaftigkeit auszeichnet.

179 Luck, S. 366 f.

180 Zhuangzi, IV 1.

181 Seneca IV 2 f Brief 82.

NATUR

182 Brüll, S. 52.

183 Cicero, IV 70 f.

184 I Ging, S. 272 ff.

185 Seneca (Rosenbach) IV 7, 1 und IV 8, 2.

186 Brüll, S. 41.

187 Zhuangzi, VIII.

188 Bhagavadgita, 3, 27.

189 Glasenapp in der Einleitung zur Bhagavadgita, S. 5 f.

GERECHTIGKEIT

190 Epikur, S. 165 (123).

191 Zhuangzi, XIX 13; Übersetzung geringfügig geändert.

192 Platon, Sämtliche Werke, Staat 58B; Übersetzung geringfügig geändert.

193 Platon, Sämtliche Werke, Protagoras 356E ff.

194 Schwarz, S. 265.

195 Marc Aurel, 4, 10.

196 Zit. nach Goethe, S. 529.

197 Hesiod, Werke und Tage, 222 ff.

198 Buch der Riten, Sitten und Gebräuche, S. 112 f. wörtlich: »Jedermann im Volk führe seine Bezeichnung nach dem, was er kann. Er genieße die Früchte seiner Kraft zu seiner Zeit; er bekomme seine Stellung nach seiner Arbeit (Fähigkeiten) … Wenn die Un-

teren nicht zu viel gebraucht werden (zu stark beansprucht werden), so werden Staat und Haus reich. Wenn die Oberen Gerechtigkeit haben (üben), so kommen Staat und Haus in Ordnung. Wenn die Vorgesetzten gute Sitten haben, so streitet das Volk nicht. Wenn man die Götter verehrt, so kommt Ehrfurcht in Staat und Haus. Wenn man die Leute alle in Liebe umfasst, so hegt das Volk keinen Groll.«

LEIDEN – LEIDENSCHAFTEN

199 Homer, Od. 11, 166 ff; ebenso Homer, Od. 11, 481 f.

200 Der griechische Redner Alkidamas soll die Odyssee als einen »Spiegel des Menschenlebens« bezeichnet haben, Demandt, S. 27 (67); vgl. Herakleitos (der Mythograph), Nestle, Die Nachsokratiker, I 76 und Sokrates, Xenophon, Erinnerungen, S. 24.

201 Patañjali, II 15, 17 (97 f.). Text geringfügig geändert.

202 Zhuangzi, XX 2.

203 Platon, Sämtliche Dialoge, Philebos 31; dieser Gedankenkreis geht auf die Pythagoreer zurück, von denen Platon beeinflusst ist.

204 Upanishaden, S. 247 f. (186) Chandogya 7, 26, 1 und 2.

205 Mong VII A 18 (160).

206 Epiktet, Teles und Musonius, S. 121 (III 20).

207 Griechisch »pros pononzum«: »zum Leiden hin« trainieren, so die Übersetzung.

208 Luck, S. 230.

209 Ebenda.

ÜBUNG

210 Konfuzius, Gespräche, I 1; Text geringfügig geändert.

211 Nestle, Die Nachsokratiker, II 198 (Musonius).

212 Bhagavadgita, 6, 35–36.

213 Bhagavadgita (M).

214 Konfuzius, Gespräche, VII 33.
215 Schwarz, S. 117; Konfuzius, Gespräche, XV 30.
216 Luck, S. 368.
217 Buch der Riten, Sitten und Gebräuche, S. 34.
218 Luck, S. 74 (108).
219 Von dem griechischen »arete«: Tugend, Vorzüglichkeit, Bestzustand.

TAPFERKEIT, MUT

220 Capelle, S. 453; vgl. Platon, Sämtliche Werke, Laches 191.
221 Konfuzius, Gespräche, XIII 27.
222 Bhagavadgita, 6, 23.
223 So die Übersetzung der Stelle bei Mylius, Bhagavadgita (M).
224 Buch der Riten, Sitten und Gebräuche, S. 42.
225 Luck, S. 176.
226 Luck, S. 237; Text geringfügig geändert.
227 Bissing, S. 122 (Papyrus Insinger). Text geringfügig geändert.

LITERATUR ZUM EINSTIEG

Seneca, Vom glückseligen Leben und andere Schriften, herausgegeben von Peter Jaerisch, übersetzt von Ludwig Rumpel, Stuttgart 1986

Epikur, Philosophie des Glücks, übersetzt von Bernhard Zimmermann, München 2006

Zhuangzi, Das wahre Buch vom südlichen Blütenland, übersetzt von Richard Wilhelm, Neuausgabe Kreuzlingen / München 2006

Konfuzius, Gespräche, herausgegeben und übersetzt von Ralf Moritz, Reclam, Ditzingen 2005

Biografische Angaben

Alexander der Große 356–323, makedonischer König und Feldherr

Alkmaion von Kroton (Alkmeon) ca. 570–500 v. Chr., griechischer Arzt und Naturphilosoph aus Unteritalien, der den Pythagoreern nahestand

Amenemope um 996–985 v. Chr.; altägyptischer König der 21. Dynastie

Antisthenes ca. 445–365 v. Chr., bedeutender griechischer Philosoph, Schüler des Sokrates und mit Diogenes von Sinope Begründer der kynischen Schule

Archilochos ca. 680–645 v. Chr., einer der ersten griechischen Lyriker, sein Einfluss auf die spätere Lyrik wird mit dem Homers verglichen

Aristoteles 384–322 v. Chr., neben seinem Lehrer Platon der bedeutendste Philosoph der abendländischen Antike

Bias von Priene ca. 590–530 v. Chr., einer der »Sieben Weisen«

Bion von Borysthenes ca. 335–245 v. Chr., griechischer Philosoph der kynischen Schule, der einige Jahre als Wanderlehrer auftrat

Boethius (Anicius Manlius Severinus Boethius) ca. 480–526 n. Chr., spätantiker Philosoph

Buddha (Siddhartha Gautama) ca. 563–483 v. Chr., Bezeichnung aus dem Sanskrit für einen Erleuchteten, Begründer des Buddhismus

Cicero, Marcus Tullius 106–43 v. Chr., römischer Redner, Politiker, Schriftsteller und Philosoph

Demokrit ca. 460–37 v. Chr., bedeutender griechischer Philosoph, der mit Leukipp als der Begründer der Atomistik gilt

Demonax 2. Jh. n. Chr., griechischer Weiser und Philosoph der kynischen Schule

Diogenes von Sinope ca. 400–323 v. Chr., bedeutender griechischer Philosoph, mit Antisthenes Begründer der kynischen Schule

Epiktet ca. 50–130 n. Chr., bedeutender Vertreter der späten Stoa, kam als Sklave aus Kleinasien nach Rom, er hatte großen Einfluss u. a. auf Marc Aurel und christliche Autoren

Epikur 341–270 v. Chr., bedeutender griechischer Philosoph und Begründer der epikureischen Schule

Favorinus 1./2. Jh. n. Chr., skeptischer Philosoph aus Arles

Heraklit von Ephesos (Herakleitos) ca. 550–480 v. Chr., einer der bedeutendsten Vorsokratiker, der bis heute weitreichenden Einfluss ausübt

Hesiod um 700 v. Chr., griechischer Dichter, dessen Werke neben Homer eine Hauptquelle für die griechische Mythologie sind, einer der ersten Verfasser eines Lehrgedichts

Homer etwa 8. Jh. v. Chr., wohl aus Kleinasien stammender griechischer Dichter, Schöpfer der »Ilias« und der »Odyssee«, die als der Beginn der europäischen Kultur- und Geistesgeschichte angesehen werden können

Kaibara Ekiken 1630–1714, japanischer Neo-Konfuzianer und Gelehrter

Kleobulos von Lindos 6. Jh. v. Chr., gemäßigter Tyrann von Lindos und einer der »Sieben Weisen«

Konfuzius (Kung-tse, K'ung-tzu, Kongzi, Kungfutse) 551–479 v. Chr., bedeutendster chinesischer Philosoph, dessen Wirkung bis heute andauert

Krates von Theben ca. 365–285 v. Chr., griechischer Philosoph, der sein Vermögen verschenkte und Kyniker wurde, Schüler des Diogenes von Sinope

Laotse (Laozi, Lao-tzu) 6. Jh. v. Chr., legendärer chinesischer Philosoph, dem das Buch Daodejing (Tao Te King) zugeschrieben wird und der als Begründer des Daoismus (Taoismus) gilt

Liezi (Liä Dsi, Lieh-tzu) ca. 5. Jh. v. Chr., chinesischer Philosoph der daoistischen Richtung

Lü Buwei (Lü Bu We, Lü Pu-wei) ca. 300–235 v. Chr., chinesischer Kaufmann, Politiker und Philosoph

Lucilius (Lucilius Iunior) 1. Jh. n. Chr., römischer Patrizier, bekannt durch die Briefe Senecas an ihn

Mandanis 4. Jh. v. Chr., indischer Yogi, dem Alexander der Große bei seinem Feldzug in Indien begegnete

Marc Aurel 121–180 n. Chr., römischer Kaiser und stoischer Philosoph, dessen »Selbstbetrachtungen« bis zum heutigen Tag nachwirken

Menandros (Menander) ca. 342–290 v. Chr., bedeutender griechischer Komödiendichter

Menzius (Mengzi, Meng-Tse, Mong Dsi, Mong Ko) ca. 370–290 v. Chr., chinesischer Philosoph, einer der bedeutendsten Nachfolger des Konfuzius

Musonius (Gaius Musonius Rufus) ca. 30–100 n. Chr., bedeutender römischer Philosoph und Lehrer der stoischen Richtung

Muso Soseki 1275–1351, japanischer Zen-Meister

Patañjali 5. oder 2. Jh. v. Chr., indischer Gelehrter und Verfasser der Yoga-Sutras, der grundlegenden Schrift zur Philosophie und Praxis des Yoga

Phönix von Kolophon 3. Jh. v. Chr., griechischer Dichter

Pindar (Pindaros) ca. 522–445 v. Chr., bedeutender griechischer Lyriker aus Böotien

Pittakos von Mytilene ca. 650–570 v. Chr., einer der »Sieben Weisen«

Platon 427–348/347 v. Chr., neben Aristoteles der bedeutendste Philosoph der abendländischen Antike, Schüler des Sokrates

Plutarch ca. 45–125 n. Chr., griechischer Schriftsteller, dessen philosophische und historische Schriften von weitreichender Wirkung waren

Poseidonios 135–51 v. Chr., bedeutender griechischer Philosoph der Stoa, Schüler des Panaitios

Ptahhotep (Ptah-hotep) ca. 2350 v. Chr., ägyptischer Wesir der 5. Dynastie

Pythagoras ca. 570–500 v. Chr., griechischer Philosoph, der in Unteritalien die philosophische Schule und religiös-ethische Gemeinschaft der Pythagoreer begründete

Rumi (Dschalal ad-Din Muhammad Rumi) 1207–1273 n. Chr., bedeutender persischer Dichter und Mystiker

Seneca, Lucius Annaeus ca. 4 v. Chr.–65 n. Chr., einer der bedeutendsten römischen Philosophen und Stoiker, Erzieher Neros, Staatsmann

Sieben Weise: von der Nachwelt so bezeichnete Gruppe hochstehender Persönlichkeiten der griechischen Antike, die im 7. und 6. Jh. v. Chr. durch ihre Weisheitssprüche bekannt wurden

Sokrates ca. 470–399 v. Chr., einer der bedeutendsten griechischen Philosophen, Lehrer des Platon; auf ihn beziehen sich fast alle philosophischen Schulen der griechisch-römischen Antike

Solon ca. 640–560 v. Chr., griechischer Staatsmann und Dichter, einer der »Sieben Weisen«, er gab Athen bedeutende Gesetze und Weisheiten

Thales von Milet ca. 624–547 v. Chr., griechischer Philosoph, Mathematiker und Astronom, gilt als erster Philosoph des Abendlandes

Theognis von Megara ca. 6. Jh. v. Chr., griechischer Dichter, der wegen seiner Spruchdichtungen Berühmtheit erlangte

Theophrastos ca. 371–287 v. Chr., griechischer Philosoph und Naturforscher

Vivekananda 1863–1902, hinduistischer Mönch und Gelehrter

Xenophon ca. 426–355 v. Chr., Geschichtsschreiber, Schriftsteller und Philosoph, Schüler des Sokrates

Xunzi (Hsün-Tse, Hsün-Tzu) ca. 298–220 v. Chr., bedeutender chinesischer Philosoph, dessen Lehren dem Konfuzius nahestehen

Yamaga Sokō 1622–1685, japanischer konfuzianischer Philosoph

Zenon von Kition ca. 334–263 v. Chr., griechischer Philosoph, Schüler des Kynikers Krates und Begründer der Schule der Stoiker

Zhuangzi (Chuang-tzu, Dschuang Dsi) ca. 365–290 v. Chr., Daoist und einer der bedeutendsten chinesischen Philosophen der Antike

VERZEICHNIS DER VERWENDETEN LITERATUR

Bhagavadgita, übersetzt von Robert Boxberger, neu bearbeitet und herausgegeben von Helmuth von Glasenapp, Stuttgart 1955, zitiert nach Gesang (arab. Ziff.) und Vers (arab. Ziff.)

Bhagavadgita, übersetzt und herausgegeben von Klaus Mylius, Wiesbaden/Leipzig ohne Jahresangabe

Bissing, Friedrich Wilhelm von, *Ägyptische Lebensweisheit,* Zürich 1955

Boethius, *Trost der Philosophie*, übersetzt von Karl Büchner, Leipzig ohne Jahresangabe

Brüll, Lydia, *Japanische Weisheit,* ausgewählt, übersetzt und herausgegeben von Lydia Brüll, Stuttgart 1999

Brunner, Hellmut, *Die Weisheitsbücher der Ägypter. Lehren für das Leben*, übersetzt und erläutert von Hellmut Brunner, Düsseldorf/Zürich 1991

Buch der Riten, Sitten und Gebräuche (Liji, Li Gi). *Das Buch der Riten, Sitten und Gebräuche*, herausgegeben und übersetzt von Richard Wilhelm, Köln 2007

Buddha, *Reden des Buddha*, aus dem Pâli-Kanon übersetzt von Ilse-Lore Gunsser, Stuttgart 1957

Capelle, Wilhelm, *Die Vorsokratiker*, übersetzt und eingeleitet von Wilhelm Capelle, Stuttgart 1968

Cicero, *Gespräche in Tusculum*, übersetzt von Olof Gigon, München 1991, zitiert nach Buch und Kapitel Cope, Stephen, *Die Weisheit des Yoga,* München 2007

Demandt, Alexander, *Sokrates antwortet*, aus dem »Gnomologicum Vaticanum« übersetzt von Alexander Demandt, Düsseldorf 2005

Demokrit, *Fragmente zur Ethik*, übersetzt von Gerd Ibscher, Stuttgart 2007

Desikachar/Krusche, *Das verborgene Wissen bei Freud und Patañjali*, Stuttgart 2007

Deussen, Paul, *Die Philosophie der Griechen*, Leipzig 1911

Durant, Will, *Kulturgeschichte der Menschheit*, in 25 Bänden, Editions Rencontre Lausanne ohne Jahresangabe, zitiert nach Band (arab. Ziff.) und Seite (arab. Ziff.)

Easwaran, Eknath, *Die Upanischaden,* eingeleitet und übersetzt von Eknath Easwaran, München 2008

Epiktet, *Unterredungen und Handbüchlein der Moral*, herausgegeben von Alexander von Gleichen-Rußwurm; zitiert nach Seite sowie Titel, Buch (röm. Ziff.) und Kapitel (arab. Ziff.), bei Handbüchlein der Moral nur Abschnitt (röm. Ziff.)

– *Epiktet, Teles und Musonius. Wege zum glückseligen Leben*, übertragen und eingeleitet von Wilhelm Capelle, Zürich 1948, in Klammern Angabe der Diatribe

Epikur, *Von der Überwindung der Furcht*, übersetzt von Olof Gigon, München 1991, zitiert nach Seite, gelegentlich mit Nr. des Fragments oder Spruchs

Euripides, *Sämtliche Tragödien in zwei Bänden*, Stuttgart 1958, zitiert nach Band, Titel, Vers

Feuchtersleben, Ernst Freiherr von, *Der Geist der deutschen Klassiker*, Deutsche Bibliothek in Berlin (ohne Jahreszahl)

Fritz, Karl August, *Weisheiten der Völker,* Köln 2003

Gandhi, Mohandas Karamchand, *Eine Autobiographie oder Die Geschichte meiner Experimente mit der Wahrheit,* ins Deutsche übertragen von Mahadev Desai, Gladenbach 1977

Geldsetzer, Lutz, *Han-ding Hong, Chinesische Philosophie,* Stuttgart 2008

Goethe, *West-östlicher Divan,* hrsg. und erläutert von Ernst Beutler, Leipzig 1943

Hesiod, *Sämtliche Werke*, übersetzt von Thassilo von Scheffer, Wiesbaden 1947, zitiert nach Werk und Vers (arab. Ziff.)

Homer, *Ilias und Odyssee*, übersetzt von Johann Heinrich Voss, diverse Ausgaben, zitiert nach Epos (Il./Od.), Buch und Vers (beides arab. Ziff.)

Horaz, *Sämtliche Werke*, Lateinisch – Deutsch, hrsg. von Hans Färber, übersetzt von Färber, Wilhelm Schöne u. a., München 1957

Horn, Christoph, *Antike Lebenskunst*, München 1998

I Ging, *Text und Materialien*, übersetzt von Richard Wilhelm, 15. Aufl., München 1988

Jaeger, Werner, *Aristoteles. Grundlegung einer Geschichte seiner Entwicklung*, Berlin 1923

Konfuzius, *Gespräche*, herausgegeben und übersetzt von Ralf Moritz, Reclam, Ditzingen 2005, zitiert nach Kap. (röm.) und Abschnitt (arab.); teilweise wird auf die Übersetzung von Richard Wilhelm (1910) oder Hans O.H. Stange (1953) oder Ernst Schwarz (1985) zurückgegriffen

Kungfutse, *Schulgespräche*, übersetzt von Richard Wilhelm, Düsseldorf–Köln 1961, zitiert nach Kapitel und Abschnitt (beides arab. Ziff.)

Laotse, *Tao te king*, übersetzt von Richard Wilhelm, München 1998, zitiert nach Abschnitt (arab. Ziff.); wo aus der Einleitung oder dem Kommentar zitiert wird, nach Seite; Übersetzung Strauß, *Tao Te King*, Zürich 1959

Liä Dsi, *Das wahre Buch vom quellenden Urgrund*, übersetzt von Richard Wilhelm, Düsseldorf 1968, zitiert nach Buch (röm. Ziff.) und Kapitel (arab. Ziff.)

Luck, Georg, *Die Weisheit der Hunde*, Stuttgart 1997

Marc Aurel, *Selbstbetrachtungen*, übertragen mit einer Einleitung von Wilhelm Capelle, Stuttgart 1948, zitiert nach Buch und Abschnitt (beides arab. Ziff.), bei röm. Ziff. ist das Vorwort gemeint; Ü. Wittstock: Marc Aurel, *Selbstbetrachtungen*, Übersetzung Albert Wittstock, Stuttgart 2009

Mong Dsi, *Mong Dsi (Mong Ko)*, übersetzt von Richard Wilhelm, Jena 1916, zitiert nach Band (röm. Ziff.), Abschnitt (Buchstabe) und Kapitel (arab. Ziffer)

Nestle, Wilhelm, *Die Nachsokratiker*, herausgegeben und eingeleitet von Wilhelm Nestle, 2 Bände, Jena 1923, zitiert nach Band (röm. Ziff.) und Seite (arab. Ziff.)

- *Griechische Lebensweisheit und Lebenskunst,* Stuttgart 1949

- *Die Sokratiker,* Jena 1922

- *Die Vorsokratiker,* Düsseldorf–Köln 1978

Noetzel, Karl, *Östliche Weisheit*, gesammelt und übersetzt von Karl Noetzel, Verlag der Greif Walther Gericke, Wiesbaden 1954 (zuvor schon bei Söcking über Starnberg, Bachmair 1946)

Oldenburg, Hermann, *Buddha. Sein Leben. Seine Lehre. Seine Gemeinde*, hrsg. von Helmuth von Glasenapp, Magnus Verlag, Stuttgart (ohne Jahresangabe)

Patañjali, *Die Wurzeln des Yoga*, Übertragung von Bettina Bäumer, mit einem Kommentar von P.Y. Deshpande, 7. Aufl., Bern u. a. 1993, zitiert nach Teil (röm. Zif.) und Sutra (arab. Zif.)

Platon, *Sämtliche Werke*, herausgegeben von Erich Loewenthal, drei Bände, 6. Aufl., Köln 1969, zitiert nach Buch und Ziffer der Stephanusausgabe

- *Sämtliche Dialoge*, herausgegeben von Otto Apelt, sieben Bände, Hamburg 1993, zitiert nach Buch und Ziffer der Stephanusausgabe

Plutarch, *Lebensklugheit und Charakter*, aus der »Moralia«, ausgewählt, übersetzt und eingeleitet von Rudolf Schottlaender, Leipzig 1979

Pohlenz, Max, *Der hellenische Mensch*, Göttingen 1946

Pohlenz, Max, *Die Stoa. Geschichte einer geistigen Bewegung*, 4. Aufl., Göttingen 1970, 2 Bände

Rüdiger, Horst, *Griechischer Lyriker*, übersetzt und erläutert von Horst Rüdiger, Gütersloh 1967

Schilling, Dennis, *Yijing*, Frankfurt a. M./Leipzig 2009

Schimmel, Annemarie, *Weisheit des Islam*, Stuttgart 2003

Schwarz, Ernst, *So sprach der Weise, Chinesisches Gedankengut aus drei Jahrtausenden*, übersetzt und herausgegeben von Ernst Schwarz, Berlin 1981

Seneca, L. Annaeus, *Philosophische Schriften*, übersetzt von Otto Apelt, Wiesbaden 2004, zitiert nach Band (röm. Ziff.) und Seite (arab. Ziff.), ggf. Schrift und Abschnitt; Briefe an Lucilius: Brief und Nr.

- *Epistulae morales ad Lucilium*, herausgegeben und übersetzt von Franz Loretto u. a., Stuttgart 1977 ff.

- *Philosophische Schriften*, Lateinisch–Deutsch, übersetzt und herausgegeben von Manfred Rosenbach, 5 Bände, 2. Aufl., Darmstadt 1995; zitiert »Seneca (Rosenbach)« sowie Band (röm. Ziff.) und Seite (arab. Ziff.)

Snell, Bruno, *Die Entdeckung des Geistes. Studien zur Entstehung des europäischen Denkens bei den Griechen*, 2. Aufl., Hamburg 1948

Straub, Lorenz, *Liederdichtung und Spruchweisheit der Alten Hellenen*, Verlag W. Spemann, Berlin und Stuttgart ohne Jahresangabe

Strauß, Victor von, *Tao Te King*, übersetzt und kommentiert von Victor von Strauß, Zürich 1959

Theognis, Mimnermos, Phokylides, *Frühe griechische Elegien*, übersetzt von Dirk Uwe Hansen, Darmstadt 2005, zitiert nach Dichter und Vers (arab. Ziff.)

Thich Nhat Hanh, *Gut sein und was der Einzelne für die Welt tun kann*, aus dem Englischen von Ursula Richard, München 2014

Tsunetomo, Yamamoto, *Hagakure*. Das Buch des Samurai, übertragen von Kenzo Fukai, Augsburg 2001

Upanishaden, herausgegeben und eingeleitet von Peter Michel, Übersetzung Paul Deussen, Neuausgabe, 2. Aufl., Stuttgart 2007, zitiert nach Seite, ferner nach der jeweiligen Upanishad

Xenophon, *Erinnerungen an Sokrates*, übersetzt von Rudolf Preiswerk, Reclam 1992, zitiert nach Buch (röm. Ziff.) und Kapitel (arab. Ziff.)

Yogananda, Paramahansa, *Autobiographie eines Yogi*, übersetzt von Erika Lorenz, 13. Aufl., Otto Barth Verlag (ohne Ortsangabe)

Zhuangzi, *Das wahre Buch vom südlichen Blütenland*, übersetzt von Richard Wilhelm, Neuausgabe Kreuzlingen/München 2006

Zotz, Volker, *Konfuzius für den Westen*, Frankfurt 2007

DANK

Meiner Frau Susanne, der Lektorin Gisela Kienzle, Heide Schackert und Jürgen Bolz möchte ich herzlich für ihre Unterstützung danken.

Albert Kitzler

PHILOSOPHIE TO GO

Große Gedanken für kleine Pausen

Philosophie für die Pause zwischendurch

Unterwegs sein mit den großen Denkern der Antike: Albert Kitzler präsentiert die Weisheit der großen Philosophen aus West und Ost, aus Griechenland, Rom, Indien und China, in kleinen Häppchen und verknüpft sie mit Alltags-Erfahrungen von heute. So gewinnen die Leser neue Sichtweisen auf die kleinen und großen Fragen des Lebens und finden ihre Mitte im Getriebe des Alltags. »Philosophie to go« – das sind Auszeiten und kleine Pausen mit Seneca, Buddha, Konfuzius und vielen anderen, die beim Innehalten helfen und wichtige Impulse für die alltägliche Lebensführung geben.

»Die zeitlosen Wahrheiten von Seneca und anderen verändern den Blick und schaffen Klarheit im Getriebe des Alltags.«
BR

DROEMER

Albert Kitzler

VOM GLÜCK DES WANDERNS

Eine philosophische Wegbegleitung

Eine Liebeserklärung an das Wandern, die Natur und das Leben

Wandern heißt aus dem Alltag heraustreten, Natur erleben, Seele und Körper stärken und damit die Gesundheit fördern. Doch das ist nicht alles, sagt der Philosophie-Coach Albert Kitzler: Wandern ist ein Spiegelbild des Lebens – es geht ums Aufbrechen und Loslassen, um Anstiege und Abstiege, um Durststrecken und das erhebende Gefühl, ein Ziel zu erreichen. Vom Glück des Wanderns lädt ein zum Nachdenken über das Wandern und das Leben und erschließt dabei die stille und wohltuende Kraft, die beidem innewohnt.

»Albert Kitzler trifft die Essenz des menschlichen Daseins.«
WDR 5